Funky Kitchen Club

RENÉ SCHUDEL

FUNKY KITCHEN CLUB

DAS BUCH ZUR SENDUNG

FunkyKitchenClub

MIT VIELEN REZEPTEN UND GESCHICHTEN

FONA

IDEE & REZEPTE RENÉ SCHUDEL KAMERA LUKE HUGGLER TEXTE ANNETTE MARTI LAYOUT TANJA BÜSCHI ART DIRECTION LUKE HUGGLER
LEKTORAT LÉONIE SCHMID MANAGEMENT RENÉ SCHUDEL MATT HORN CREW BENACUS DANIEL REICHENPFADER NADIA BERNASCONI DRITA ZENUNAJ
CREW TV SENDUNG ANNETTE MARTI LUKE HUGGLER MARC GACOND CREW-ASSISTENZ BETTINA BHEND CAROLINE SANTSCHI
PRODUZENT URS GOSSWEILER LEITUNG PROSIEBEN MIKE GUT

Druck: Offizin Andersen Nexö Leipzig GmbH, Zwenkau | Foto René Titelseite: Sarah Michel | Handschrift: Drita Zenunaj

ISBN 978-3-03780-467-4

Rezepte und Stories

Vorwort

Nach über 100 Sendungen Funky Kitchen Club gibt es viel zu erzählen: von speziell guten Produkten, aussergewöhnlichen Menschen und kleinen Kochabenteuern. Auf all meinen kulinarischen «Expeditionen» beeindruckt mich stets von Neuem, mit welcher Leidenschaft und Sorgfalt manche Produzenten zur Sache gehen und welch tolle Rohstoffe daraus entstehen. Mit Zutaten zu kochen, die schlicht für sich umwerfend sind, ist wirklich keine Zauberei. Das geht praktisch von alleine. Bleibt höchstens, eine gestrichene Tasse Vertrauen beizugeben und das Ganze mit viel Freude abzuschmecken. Mit einer solchen «Rezeptur» kann in der Küche nichts mehr schiefgehen, wie im Leben eigentlich auch nicht. Dieses Buch ist also nicht «nur» ein Kochbuch, sondern es enthält auch viele Geschichten über einzigartige Produkte und Menschen. Ihnen zu begegnen, ist nicht nur sehr interessant und bereichernd, sondern diesen Leuten bin ich auch zu allergrösstem Dank verpflichtet. Denn sie machen das möglich, was ich von Herzen gern tue: gut kochen & essen.

Mein grösster Wunsch ist, ein bisschen von diesem Lebensgefühl und der Freude am Kochen zu vermitteln. Weil ich nicht weiss, wie man sich am Schluss eines Vorwortes verabschiedet («Auf Wiedersehen»? … «forever yours»? … «Hochachtungsvoll, Ihr»? … ?), wo es doch erst richtig losgeht – würde ich den Abschluss gerne als Einladung verstanden haben, mich auf meinen Ausflügen zu begleiten.

Viel Spass beim Gucken, Lesen & Kochen!
Herzlich

RENÉ SCHUDEL

Vronys Trockenfleisch ****

heutiges Rezept:

TROCKENFLEISCH

BLATTSALAT, BERGKÄSE UND WALLISERBROT

POLIZEI
POLIZEI

POLIZEI
VS 38206

ZU BESUCH IM ZERMATTER MÄRCHENLAND

DAS «CHEZ VRONY» IN ZERMATT IST FÜR MICH EIN GASTRONOMISCHER MEILENSTEIN. INTERIEUR, CHARAKTER UND QUALITÄT SIND SCHLICHT EINMALIG. UND DIE CHEFIN SELBER HABE ICH SOWIESO SCHON LANGE INS HERZ GESCHLOSSEN.

Tourismusdirektor Daniel Luggen holt mich mit Polizeieskorte am Dorfeingang von Zermatt ab. Das Zermatter Polizeiauto sieht aus wie eine blaue Schuhschachtel auf Rädern. Es hat einen Elektromotor und darf deshalb auch in der Fussgängerzone fahren. Am Steuer sitzt der Polizist, daneben der Passagier (in unserem Fall ich) und hinten im vergitterten, schalldichten Fond der zweite Passagier (in unserem Fall der Tourismusdirektor). Vielleicht wäre die umgekehrte Sitzordnung eher passend: Koch hinten, Kurdirektor vorne. Das lässt die Zermatter Gastfreundschaft aber nicht zu.

Die Skihütte «Chez Vrony» oberhalb von Zermatt habe ich als eine Art Märchenlandschaft in Erinnerung, seit ich als kleiner Bub dort in den Ferien weilte. Auch nach 30 Jahren hat der Ort nichts an Zauber eingebüsst. Gastgeberin Vrony Cotting-Julen beseelt den ganzen Betrieb mit ihrer herzlichen Art. Sie hütet sozusagen die Familiengeschichte, die eng mit dem Haus verbunden ist: Auf der Alp Findeln wirteten Vronys Vorfahren, als sich der Tourismus in Zermatt erst langsam entwickelte. Die Fotos an den Wänden erzählen von den Gästen aus aller Welt – viele von ihnen längst Stammgäste. Sie wissen, dass man hier einfach in besten Händen ist.

IM SPYCHER LAGERN DIE KOSTBARKEITEN

Das Trockenfleisch wird nach Rezept von Vronys Papa getrocknet. Es stammt aus der eigenen kleinen Alpwirtschaft auf Findeln. Der Spycher neben dem Restaurant sieht aus wie aus dem Bilderbuch: altes, verwittertes Holz und an jeder Seite ein Pfahl mit einer Steinplatte. Die Platte dient als Sperre für die Mäuse, denen der Zugang zum Spycher so verwehrt bleibt. Im Vorratsraum wurde einst auch Getreide gelagert. Die Kornfelder von Findeln gehörten zu den höchstgelegenen, bis in den 1970er-Jahren die Roggenproduktion eingestellt wurde.

Wie immer in der Saison herrscht bei Vrony Hochbetrieb. In der verwinkelten Küche des alten Hauses zu kochen, ist eine logistische Meisterleistung. Im «Chez Vrony» gehen an einem schönen Tag 500 bis 600 Essen über die Theke. Da ist ein Fernsehkoch mit Kameramann eigentlich das Letzte, was die Küchencrew zu ihrem Glück noch braucht. Bei Vronys kleiner Brigade liegen die Nerven aber nicht so schnell blank. Die Köche ertragen sogar meine ewige Fragerei nach irgendwelchen Zutaten und zeigen mir auch die Besonderheiten der alpinen Kocherei, zum Beispiel die Anlieferung der Waren per Schneetöff.

Zimtstern

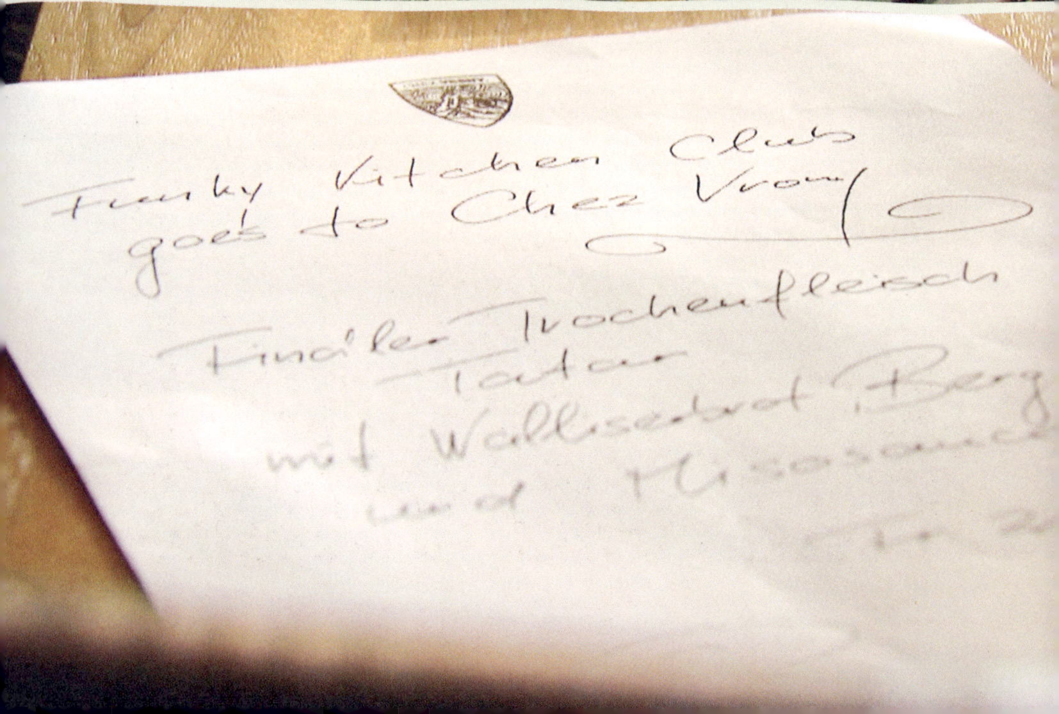
Funky Kitchen Club
goes to Chez Vrony
Findler Trockenfleisch
Tatar
mit Walliserbrot
und

EIN BEWOHNTES KUNSTMUSEUM

Design und Tradition verbinden sich im «Chez Vrony» auf einzigartige Weise. Jeder Winkel dieses Hauses birgt eine neue Überraschung. Alles wirkt behaglich und irgendwie so, als wäre Geschichte zu Raum geworden. Die schwungvollen Stühle, die Liegen auf der Terrasse, die Gemälde und die verspielten Leuchter hat der Künstler Heinz Julen entworfen. Heinz ist der Bruder von Vrony. Auch die beiden Schwestern Moni und Leni haben früher im Familienbetrieb mitgeholfen. Zu der Zeit etwa, als ich als kleiner Junge im Schnee vor dem Haus spielte, war jede der drei Schwestern für einen Stock in der Skihütte zuständig. Damals war die Gaststätte je nach Stockwerk ein «Chez Moni», ein «Chez Leni» oder eben ein «Chez Vrony».

TATAR
- 200 g Walliser Trockenfleisch
- 2 Essiggurken
- 4 grüne Oliven mit Stein
- 2 Schalotten
- 1 Knoblauchzehe
- Olivenöl
- Apfelbalsam
- Salz, Pfeffer

- 1 Walliserbrot
- 500 g Butter

MISOSAUCE
- 2 EL Weisswein
- 2 EL Miso-Paste
- 1 EL Mirin
- 1 TL Sojasauce
- 1 TL Puderzucker
- 1 EL Wasser
- 1 EL grobkörniger Senf
- 2-3 EL Schlagrahm

SALAT
- 1 Handvoll Rucola
- 1 Bund Schnittlauch
- 1 kleiner Friséesalat
- 2 schwarze Oliven
- 1 Prise Fleur de Sel
- Balsamico, Olivenöl

- 100 g Bergkäse

Rezept für 4 Personen

ZERMATTER TROCKENFLEISCH BLATTSALAT, BERGKÄSE UND WALLISERBROT

Fleisch, Essiggurken, Oliven, Schalotten und Knoblauchzehe in streichholzfeine Würfelchen schneiden. Mit Apfelbalsam, Olivenöl, Salz und Pfeffer abschmecken.

Walliserbrot und Butter in 5 mm dicke Scheiben schneiden. Brot- und Butterscheiben aufeinanderlegen, gut anpressen. 1 bis 2 Stunden im Kühlschrank kalt stellen.

Für die Misosauce alle Zutaten mit Ausnahme von Senf und Rahm in einer Pfanne verrühren und aufkochen. Pfanne vom Herd nehmen, Senf und Schlagrahm unterrühren.

Schnittlauch fein schneiden. Frisée in die Blätter zerlegen. Oliven quetschen, entsteinen, in Streifchen schneiden. Zutaten mischen, mit Balsamico, Olivenöl und Fleur de Sel würzen.

Teller mit der Misosauce zeichnen. Trockenfleischtatar und Salat anrichten, Käse darüberhobeln. Butterbrot dazulegen.

Poulet in der Tüte

heutiges Rezept:

GEBRATENER REIS MIT

POULETSCHENKEL

DIE MÄNNER-WG, DAS REICH DER PROFIS

ICH HATTE MICH AUF EINEN CHAOTISCHEN TAG EINGESTELLT, STATTDESSEN LANDE ICH BEI WAHREN PROFIS: MATTHIAS, ROMAN UND COLIN SIND RICHTIGE KOCHFREAKS. MIT IHNEN KOCHE ICH HEUTE EIN MENÜ FÜR DIE WG-FREUNDE.

Verschlafene Gesichter, leere Bierflaschen auf dem Tisch, dreckiges Geschirr in der Spüle – so stelle ich mir die Szene ungefähr vor, als ich um 9.30 Uhr an der Tür der Wohnung der drei Studenten Matthias, Roman und Colin klingle. Passt aber nicht richtig. Die Möbel stammen zwar alle (mit Ausnahme des Fernsehers) aus dem Brockenhaus. Und wenn mehr als 4 Personen gleichzeitig essen wollen, bringen die Nachbarn extra Besteck, Tisch und Stühle. Die Küche aber ist prima aufgeräumt und scheint funktionstüchtig. Von so einem Männerhaushalt hätte ich zuletzt erwartet, dass die Jungs Küche und Menüplan völlig im Griff haben und sogar gemeinsam zum Einkaufen gehen. Die Küche ist die Drehscheibe der WG, gekocht wird im Turnus. Und dies nicht, weil es niemand machen möchte, sondern weil alle lieber kochen als aufräumen. Hier gilt: Wer abwaschen muss, ist enttäuscht. Hoppla! Ich muss mich ziemlich anstrengen, um auf alle Fragen meiner topmotivierten Kochpartner eine Antwort zu wissen.

WG-Freunde

Matthias Buschor, Roman Hofer und Colin Gschwend.
Alle drei studieren an der Hochschule für Wirtschaft in Luzern.

BIOTREND
Bio
Tomatenketchup
tchup
1.29

2.49
BAMBO

BONVALLE
CRUSTI
CROC
Fromani
Freeway

UNTERWEGS MIT KLEINEM BUDGET

In Sachen Haushaltsbudget kalkulieren meine drei Studenten messerscharf. Sie kennen in der Regel alle Aktionen, die in den verschiedenen Läden gerade aktuell sind. So liefern sie mir Preisvergleiche für alle Produkte, die wir einkaufen. So viel kostet das hier, dort kosten 100 Gramm so und so viel… Da gibt es keine Zufallsgriffe. Aktionen, so erklären sie mir, bestimmen oft den Menü-Plan in der WG.

Wir achten zwar auch aufs Budget, nehmen beispielsweise Pouletschenkel anstatt Pouletbrust, aber der Einkaufswagen wird zum Schluss doch ziemlich voll. Ich habe auf dem Mixer bestanden, der in einem der Regale stand. So was führen die Herren nämlich nicht. Ich kann auf viele Küchengeräte verzichten, aber nicht auf den Mixer. Studentenbudget hin oder her. Aber nachdem wir unser Kräutersalz highspeed hergestellt haben, freuen sich auch Matthias, Roman und Colin über die Neuanschaffung.

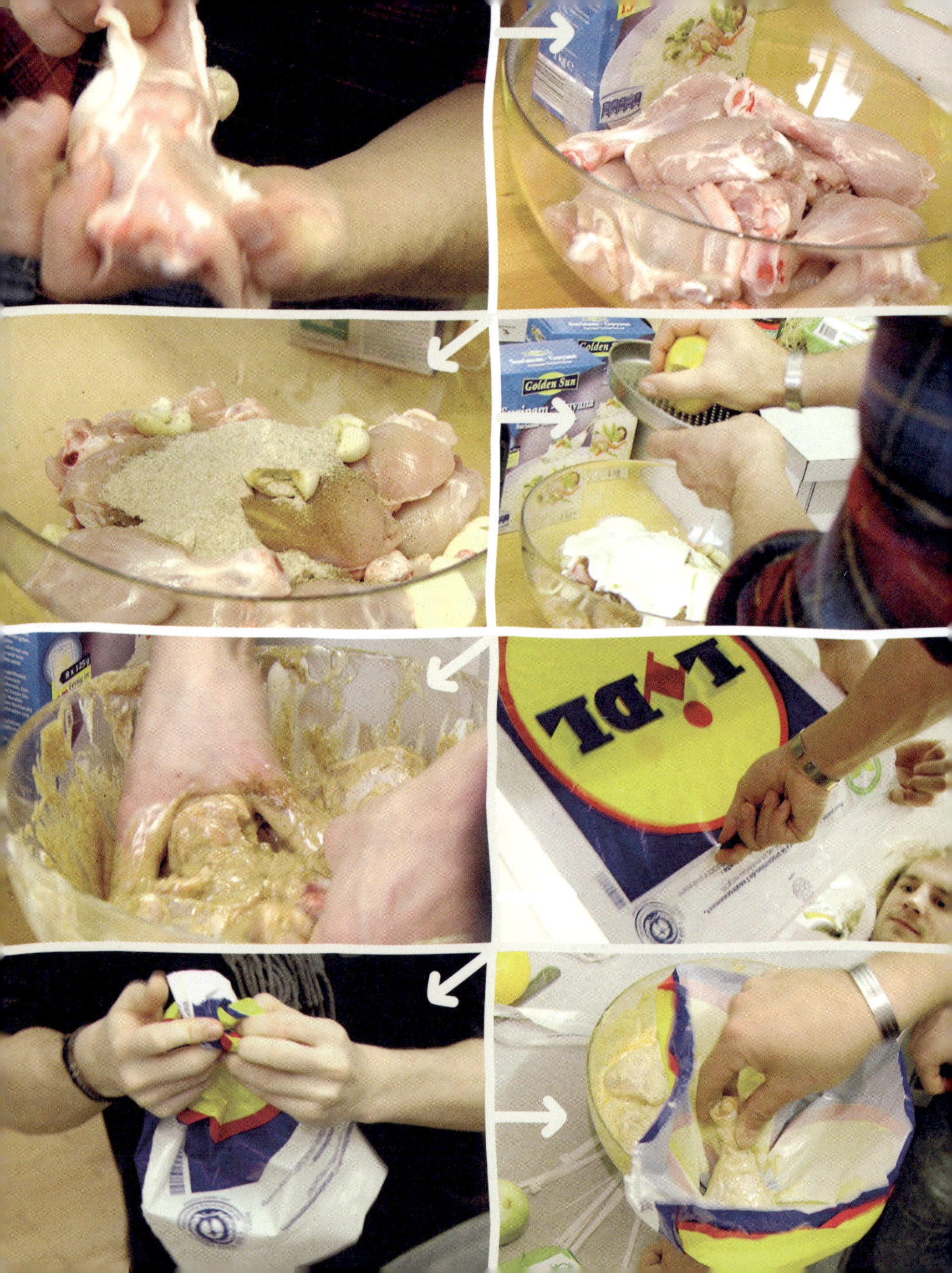
Golden Sun

POULET IN DER TÜTE

Unsere Garmethode braucht ein wenig Bastelgeschick und Geduld, funktioniert aber bestens. Zuerst müssen die Pouletschenkel mariniert werden. Wir entfernen die Haut und schneiden die Schenkel beim Gelenk in zwei Stücke. Neben Gewürzen, Knoblauch, Olivenöl und Zitronensaft geben wir Joghurt an die Marinade, das macht das Fleisch zart.

Der Zitronentrick ist einfach: mit dem Messer ein Kreuz in die Schale schneiden, Zitrone über einem kleinen Sieb ausdrücken. Wenn nur wenig Saft benötigt wird, kann die angeschnittene Zitrone problemlos im Kühlschrank aufbewahrt werden. Für einen schonenden Garprozess stecken wir unsere marinierten Pouletstücke in eine Plastiktüte und lassen das Fleisch in leicht kochendem Wasser ziehen. Diese Methode eignet sich auch, um das Poulet am Vortag vorzubereiten oder zum Beispiel für Festival-Liebhaber wie Matthias, Roman und Colin. Gut mariniert und verpackt im Beutel können einen die Pouletschenkel fast überallhin begleiten und brauchen am Ort des Geschehens nur noch gekocht zu werden.

Anleitung

ZUR POULET-TÜTE:

1. Plastiksack gut auswaschen
2. Boden mit einer Schere wegschneiden
3. unten gut verknoten
4. Pouletstücke, Marinade und etwas Kräuterbutter einfüllen
5. am anderen Ende verknoten, eventuell mit Kabelbinder
6. in leicht kochendem Wasser ziehen lassen für zirka 35 Minuten

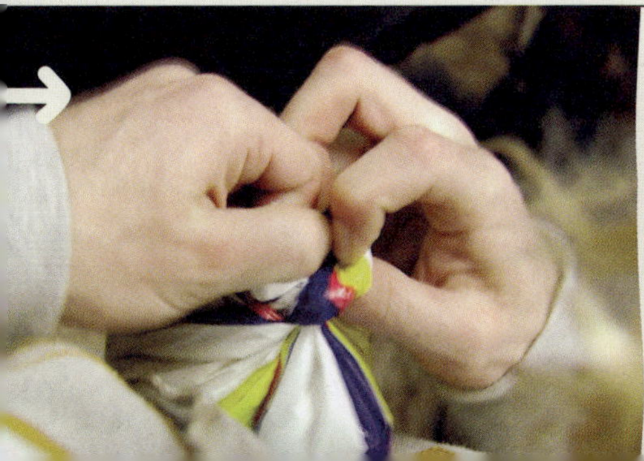

Rezept für 4 Personen

GEBRATENER REIS MIT POULETSCHENKEL

POULETSCHENKEL

- 4 Pouletschenkel
- je 2 EL getrockneter Rosmarin und Thymian
- 1 EL getrockneter Majoran
- 1 EL Paprika
- Pfeffer
- 4 EL Salz, 1 EL Zucker
- ¾ dl Olivenöl
- 8 Knoblauchzehen
- Zitronensaft
- 3 EL Naturjoghurt
- 50 g Kräuterbutter
- 2 EL Ketchup

- 4 dichte Plastiksäcke

Pouletschenkelhaut abziehen, beim Gelenk halbieren. Getrocknete Kräuter, Paprika, Pfeffer, Salz sowie Zucker im Mixer zu einem Kräutersalz mixen. Pouletstücke in eine Schüssel geben, mit Kräutersalz, zerdrücktem Knoblauch, wenig Zitronensaft, Joghurt und Olivenöl marinieren und etwa 20 Minuten ziehen lassen.
Plastiksäcke vorbereiten: Seite 39.
Teile eines Pouletschenkels, etwas Marinade und wenig Kräuterbutter einfüllen, verknoten.
Wasser in einer Pfanne aufkochen, Plastikbeutel hineinlegen, rund 35 Minuten ziehen lassen.
Fleisch in Schüssel geben, warm stellen. Garflüssigkeit in ein Pfännchen giessen, ein wenig einköcheln lassen, mit Ketchup binden.

GEBRATENER GEMÜSEREIS

- Olivenöl
- 1 Zwiebel, fein gewürfelt
- 220 g Langkornreis
- 2 Tassen Hühnerbouillon
- 1 Karotte, in Stäbchen
- 1 Handvoll Rosenkohl
- 1 Bund Frühlingszwiebeln, Grün in Röllchen, Zwiebeln in Streifen
- 1 Handvoll grüne Erbsen
- 3 Eier
- Basilikum, Petersilie

Zwiebeln in wenig Olivenöl andünsten, Reis mitdünsten, Hühnerbouillon zugeben. Pfanne zugedeckt in den auf 200 °C vorgeheizten Ofen schieben, Reis 10 Minuten ziehen lassen (nicht rühren). Aus dem Ofen nehmen, 5 Minuten stehen lassen, Reis auf ein Blech verteilen und auskühlen lassen. In der Rührbratpfanne Karotten, Rosenkohl und Zwiebeln in wenig Olivenöl rührbraten, Zwiebelröllchen und Erbsen kurz mitbraten, Reis unterrühren, Eier in die Pfanne aufschlagen, rührbraten, bis die Eier gestockt und der Reis heiss ist. Fleisch anrichten, mit Sauce beträufeln, Reis zugeben, mit Kräutern garnieren.

Curry

heutiges Rezept:

INDIAN-

CHICKEN-CURRY-CLUB

MEIN TAG ALS SCHIFFSKAPITÄN

IN EINER SCHIFFSKÜCHE HABE ICH NOCH NIE GEKOCHT. PREMIERE IST AUF DEM THUNERSEE. MOHAN, MEIN INDISCHER GEWÜRZPROFI, HILFT MIR, EIN GEMÜSECURRY ZUZUBEREITEN, DAS EINEN SCHLICHT AUS DEN SOCKEN HAUT.

Halb Interlaken kennt Mohan, den Alleskönner aus Südindien. Im Dorf ist er in der Regel mit dem Mountainbike unterwegs, am Lenker baumelt ein weisser Plastiksack. Manchmal sind in diesem Sack Zutaten drin für meine Küche, denn Mohan ist mein Gewürzspezialist. Es gibt fast kein exotisches Gewürz, das er nicht innert Minuten auftreiben kann. Mit Mohan ist es immer sehr lustig und beim Kochen haben wir riesigen Spass. Ich würde wetten, er kann 100 verschiedene Currys aus dem Ärmel zaubern und alle sind super lecker. Ein bisschen schwer tun wir uns mit den Mengenangaben: Mohan sagt bei allen Zutaten, er brauche «one kilogram». Und wie lange wird das Poulet mariniert? «Until coming good», ist seine Antwort. «Bis es gut ist» – nun ja. Kann man so sagen. Kochen ist eben auch Gefühlssache.

Der «Untergrund» von Interlaken ist voller Überraschungen: Da ist zum Beispiel der Tamil Asian Shop, der im Keller eines Gebäudes mitten in der Fussgängerzone liegt. Dort lassen sich alle Zutaten für die indische Küche kaufen. Auch Bollywood-DVDs auf Hindi oder Tamil sind erhältlich. Mit Schweizerdeutsch kommt man bei der Kassiererin nicht sehr weit.

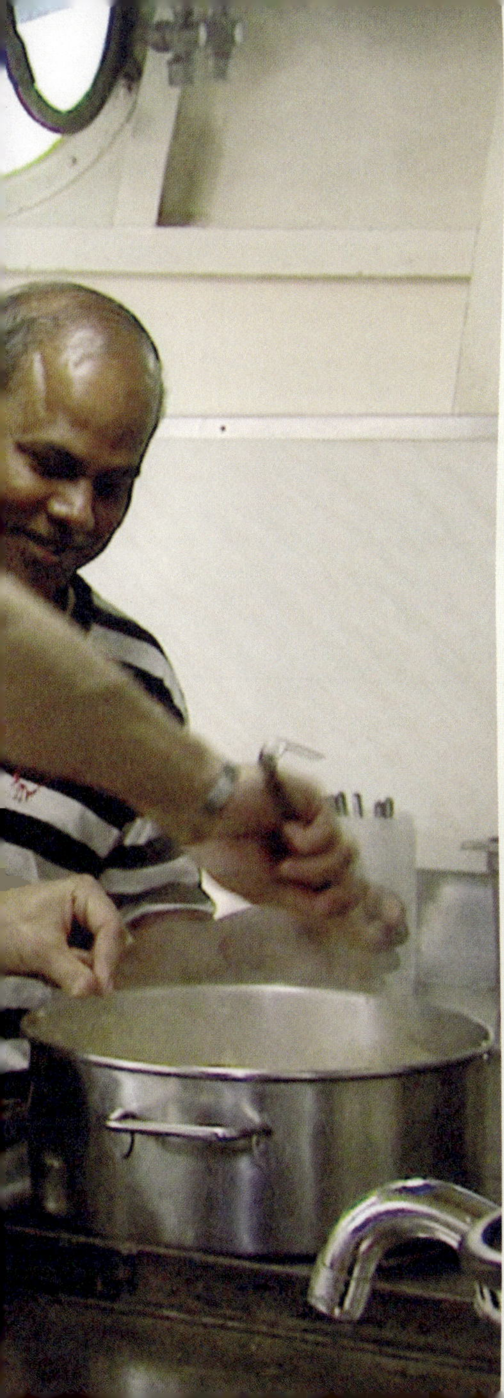

Florin

DAS CURRY-ABC

Mohan und ich kochen im Bauch eines BLS-Schiffes auf dem Thunersee. Es kommt richtiges Kombüsenfeeling auf bei den genieteten, schweren Stahlträgern und den runden Fensterchen mit Blick auf den See. Und heiss ist es in der Küche! Aber zum Glück schaukelt das Schiff kaum. Bei hohem Wellengang ist so eine Kocherei vermutlich kein Schleck. Wenn Mohan und ich als Schiffsköche nach Indien übersetzen müssten, würde ich mir das nochmals überlegen.

Auf dem Thunersee lerne ich stattdessen einen Haufen über die Kunst des Currykochens. Einer von Mohans Grundsätzen ist zum Beispiel der folgende: Ohne Curryblätter gibt es kein richtiges Curry. Die Curryblätter haben wir im Asianshop gefunden. Man sollte sie möglichst frisch verwenden, denn im Kühlschrank verlieren sie schnell an Geschmack. Im Tiefkühler hingegen hält das Aroma für einige Zeit (Achtung: Blätter nicht vom Stängel trennen). Mohan kombiniert die Curryblätter mit Currypulver, das eine Mischung aus verschiedenen Gewürzen ist.

Extra Creamy

Super einfach ist die Joghurtsauce, die Mohan so als Supplement schnell hinzaubert. Er mischt dabei Naturjoghurt mit etwas Kurkuma und Salz. In einer Pfanne dünstet er einige Senfkörner, Curryblätter und Zwiebeln in Butter an. Dann gibt er Tomaten und schliesslich den Joghurt dazu, fertig ist die Sauce. Beim Joghurt muss man allerdings aufpassen, dass er nicht zu stark erhitzt wird. Sobald die Sauce warm ist, Pfanne vom Herd ziehen.

Auf die Finger schaut mir Mohan bei den Pouletschenkeln. Er besteht darauf, dass wir die Haut entfernen. So könne das Fleisch die Marinade besser aufnehmen, sagt er. Er mariniert Poulet übrigens immer auch mit Joghurt. Das macht das Fleisch zart. Ein bisschen punkten kann ich allerdings auch. Anstatt Knoblauch und Ingwer für die Marinade stundenlang zu hacken, benutzen wir meinen kleinen Küchenmixer. Da reicht es nämlich, grobe Stücke zu schneiden. Der Mixer zermalmt die dann zu einer grobkörnigen Paste. Ohne so eine kleine, superstarke Maschine wäre ich in meiner Küche ja total verloren.

Curryblätter

Nicht vergessen:

Reis vor dem Kochen in kaltem Wasser waschen

INDIAN-CHICKEN-CURRY-CLUB

TANDOORI-CHICKEN

- 2 kg Pouletschenkel
- 1 daumendickes Stück Ingwer
- 4 Knoblauchzehen
- 4 EL Tandoori
- 5 EL Naturjoghurt
- etwas Salz
- 3 Eiweiss, verquirlt
- Tempuramehl
- Öl zum Frittieren

GEMÜSECURRY

- 200 g Butter
- 1 EL Senfkörner
- 1 Handvoll Curryblätter
- 2 grosse Zwiebeln, in Streifen
- 10 Karotten, je 5 gelbe und orange, gewürfelt
- 2 Kartoffeln, gewürfelt
- 5 Spross Stangensellerie, in Scheiben
- 3 Tomaten, Stielansatz ausgestochen, gewürfelt
- 3 EL Tomatenpüree
- 1 EL Marsala Curry (3 EL «real Indian style»)
- ½ l Kokosmilch

JOGHURTSAUCE

- 1 l Naturjoghurt
- 2 Msp Kurkuma
- etwas Salz
- 100 g Butter
- 1 TL Senfkörner
- ½ Handvoll Curryblätter
- 3 Tomaten
- 1 Zwiebel

Rezept für 20 Personen

Pouletschenkelhaut entfernen, Schenkel in Stücke teilen, in eine Schüssel legen. Ingwer und Knoblauch zu einer grobkörnigen Paste mixen, ein Drittel mit Tandoori und Joghurt zum Fleisch geben, gut mischen. 2 Stunden oder länger im Kühlschrank zugedeckt marinieren.

Senfkörner und Curryblätter in der Butter andünsten, zwei Drittel der Zwiebeln und Rest der Knoblauch/Ingwer-Paste mitdünsten, Karotten mitdünsten, Kartoffeln, Sellerie, zwei Drittel der Tomaten und Tomatenpüree zugeben, mit Curry und Salz würzen. Kokosmilch zugeben. Gemüse bissfest kochen.

Für die Sauce Joghurt mit Kurkuma und Salz abschmecken. Senfkörner und Curryblätter in der Butter andünsten, restliche Zwiebeln mitdünsten. Kurz vor dem Servieren restliche Tomaten und zum Schluss Joghurt unterrühren. Nur kurz handwarm werden lassen, sofort vom Herd nehmen.

Pouletfleisch durch das verquirlte Eiweiss ziehen, im Tempuramehl wenden. Sofort im Öl 3 bis 4 Minuten frittieren. Wichtig ist, dass das Öl immer eine konstante Temperatur von 180 °C hat.

Cervelat
****

heutiges Rezept:

CERVELAT

IM PIZZATEIG

EIN SCHWEIZER KLASSIKER AUS DER FELDKÜCHE

HEUTE KOCHE ICH MIT MEINEN MILITÄRKOLLEGEN IM WK. IN UNSERER FELDKÜCHE ARBEITEN WIR MIT EINFACHSTEN MITTELN UND GENIESSEN ZUM SCHLUSS EIN URSCHWEIZERISCHES PRODUKT: CERVELAT MIT EINEM «TARNANZUG» AUS PIZZATEIG.

Feld-, Wald- und Wiesenkochen macht richtig Spass. Dabei braucht es auch immer ein bisschen Erfindergeist. Für unser Feld-Essen mit einer Gruppe von Soldaten stehen nur die einfachsten Mittel zur Verfügung. Als Küchengeräte dienen eine Gamelle und ein Sackmesser. Kochen tun wir auf der Motorhaube des Schützenpanzers. In einem so typisch schweizerischen Ambiente braucht es auch ein richtiges Heimatmenü: Cervelat. Gefüllt mit getrockneten Aprikosen, eingepackt in Speck und Pizzateig bekommt man sozusagen den grösseren Bruder des «Wienerli im Teig», auch ein Klassiker, der mir besonders lieb ist. Ich denke, meine Infanteristen-Verpflegung ist auch geeignet für einen Sonntagsausflug mit Kind und Kegel.

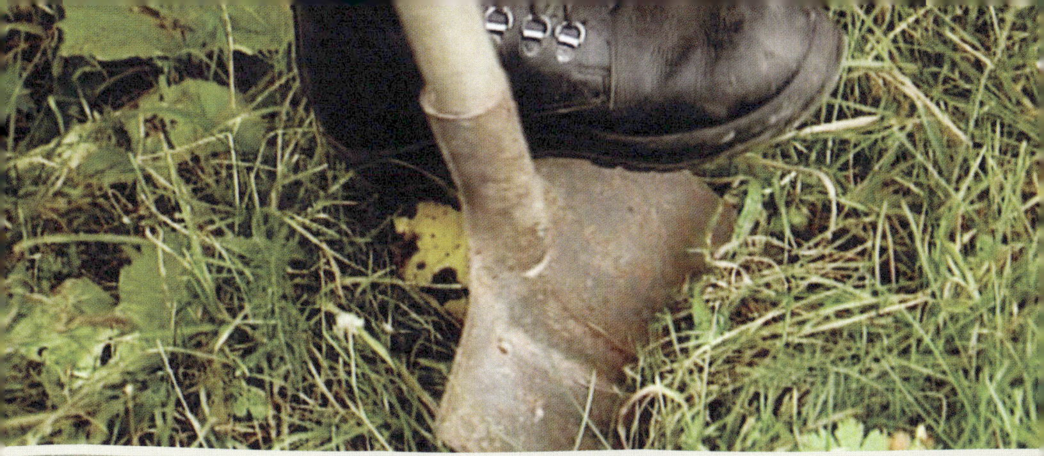

SUISSE

KÜCHENGERÄTE AUS DEM WALD

Schlangenbrotteig ist extrem einfach herzustellen: In der Mitte des Mehls ein Loch drücken, Wasser beigeben und langsam von aussen nach innen zu einem Teig kneten. Achtung: Wasser nur portionenweise dazugeben. Wir lassen den Teig im Schatten des Panzerfahrzeugs stehen, damit er schön aufgeht. Später beim Braten muss man allerdings vorsichtig sein. Wenn man den Spiess direkt in die Flammen hält, verkohlt das Brot und die Wurst ist noch roh.

Weil kein Mörser zur Hand ist, benutzen wir einen sauber gewaschenen Stein. Damit zerdrücken wir den Knoblauch im Deckel unserer Gamelle. Anstatt eines Pinsels verwenden wir einen kleinen Tannenzweig und bepinseln so das Brot mit der Marinade aus Öl und Knoblauch.

Rezept für 4 Personen

CERVELAT IM PIZZATEIG

HEFETEIG

- 500 g Weissmehl
- 10 g Salz
- 30 g frische Hefe
- 2½ dl Wasser

- Olivenöl
- 4 Knoblauchzehen

CERVELATS

- 4 Cervelats
- 8 getrocknete Aprikosen
- 8 Scheiben Bauchspeck
- etwas Senf

- 4 Holzspiesse

Mehl auf ein Blech oder einen Tisch häufen. Eine Vertiefung drücken. Salz dazugeben. Hefe im Wasser auflösen und langsam in die Mulde giessen. Zu einem glatten, elastischen Teig kneten. Hefeteig an einem warmen Ort mindestens 2 Stunden aufgehen lassen.

Cervelats einseitig kreuzweise einschneiden. Pro Wurst zwei getrocknete Aprikosen auf den Holzspiess stecken. Cervelat über die Früchte stülpen. Mit Speck umwickeln, mit Senf einreiben. Hefeteig ausrollen, zu Rollen ausziehen/rollen und um die Cervelats legen.

Cervelats über der Glut des offenen Feuers grillen, bis der Hefeteig goldbraun ist. Während dem Grillen mit der Marinade aus Olivenöl und zerstampften Knoblauchzehen einpinseln.

M BATSCHER

Büffel-
mozzarella
—****

heutiges Rezept:

BÜFFEL-MOZZARELLA

MIT FEIGEN-RUCOLA-SALAT

Melanie
OESCH
*** Volksmusiksta

DER MOZZARELLA-KRIMI AUS SCHANGNAU

DIE JODLERIN MELANIE OESCH BEGLEITET MICH INS EMMENTAL ZU DEN WASSERBÜFFELN RUND UMS KEMMERIBODEN-BAD. HIER LERNEN WIR DIE GESCHICHTE DES SCHANGNAUER BÜFFEL-MOZZARELLAS KENNEN, DIE SICH ANHÖRT WIE EIN KRIMI.

Im Kemmeriboden-Bad gehen seit mehr als 150 Jahren Gäste ein und aus. «Luftkurort mit heilkräftiger Schwefelquelle», heisst es in einer alten Reklame. Die Luft ist heute noch gut, das Schwefelbad aber gehört der Vergangenheit an. Heilen kann man sich heutzutage mit einer grossen Portion Meringues, die zu den Traditionen im Gasthaus gehören. Ich bin allerdings nicht deshalb im Emmental, sondern wegen der Wasserbüffel, die auf den Bauernhöfen rund um den Kemmeriboden leben.

Melanie Oesch ist der Star der Schweizer Volksmusik-Szene. Und ich verstehe sehr gut, weshalb. Sie ist sympathisch und bescheiden, trotz allem Rummel um ihre Person. Musik und Jodeln gehören ganz selbstverständlich zu ihrem Leben – schliesslich tritt sie auf, seit sie fünf Jahre alt ist. Mit der Familienformation «Oesch's die Dritten» feiert Melanie zahlreiche Erfolge und ist häufig auf Tournee. Fürs Kochen habe sie keine Zeit, sagt sie mir. Als «Kochlehrling» stellt sich Melanie aber sehr gut an. Deshalb nehme ich ihr auch nicht übel, dass sie behauptet, meine Senfpestobrötli seien zu scharf.

DAS BÜFFEL-ABENTEUER

Wasserbüffel sind eigenwillige Tiere. Das sagen Matthias und Fritz Gfeller, die zu den ersten Bauern gehören, die im Schangnau Büffel hielten. Büffel seien völlig anders als Kühe, erklären mir die Gfellers. Weil sie neugierig und unternehmungslustig sind, hat man viel mehr zu tun. Ein Wasserbüffel frisst schnell und wenn er fertig ist, nutzt er seine Freizeit, um die Umgebung zu erkunden. Er steht nicht etwa auf der Wiese herum wie eine Kuh, sondern sucht so lange im Zaun, bis er ein Schlupfloch entdeckt. Die Gfellers haben ihre Tiere schon in der Gartenwirtschaft im Kemmeriboden-Bad einfangen müssen, als sie dort auf Erkundungstour waren.

Mozzarella wurde ursprünglich nur aus Büffelmilch gemacht, das belegen alte Rezepte. Die Wasserbüffel geben zwar nicht so viel Milch wie eine Kuh, Büffelmilch enthält aber doppelt so viel Eiweiss und Fett wie Kuhmilch. Die Idee, Wasserbüffel zu halten, stammt von einem rumänischen Gastarbeiter, der im Schangnau tätig war. Er stiess bei einer Handvoll Bauern auf offene Ohren. Sie suchten wegen der sinkenden Erträge neue Einkünfte. Was dann folgte, ist ein kleiner «Mozzarella-Krimi». Käsermeister Michael Jaun hat die Auf und Abs der Mozzarellaproduktion selber miterlebt. Die Bauern, die 1996 ins Büffel-Business einsteigen wollten, kamen zu ihm in die Bergkäserei Marbach-Schangnau. Niemand hatte eine Ahnung, wie man Mozzarella genau macht. Am Anfang klappte es überhaupt nicht. Bauern und Käser knüpften deshalb Kontakte zu italienischen Büffelbauern und reisten bald nach Italien. Die Italiener seien nett gewesen, erinnert sich Michael. Sie seien herzlich empfangen worden. Aber der Mozzarella wollte auch nach der «Werkspionage» in Italien nicht gelingen. «Sie haben uns nicht angelogen, aber einfach einiges vergessen zu sagen», erzählt der Käsermeister. Entmutigen liessen sich die Schangnauer trotzdem nicht und tüftelten so lange, bis auch sie ihren erstklassigen Mozzarella hatten.

IN GROSSMUTTERS HEIMAT

Reto, der heutige Chef im Kemmeriboden-Bad, und ich sind über Umwege miteinander verwandt. Er gehört zu meiner recht umfangreichen und etwas unübersichtlichen Verwandtschaft im Emmental. Retos Vorfahren sind die Gerbers, diejenige Familie also, die seit Urzeiten im Kemmeriboden wirtet. Meine Grossmutter ist auch im Kemmeriboden-Bad aufgewachsen. Ich kann mich erinnern, wie wir im alten Gasthof Familienfeste feierten, deshalb fühle ich mich in den Räumen auch heute noch richtig heimisch. Damals war ich aber nicht mehr als ein Dreikäsehoch. Dass ich mal selber in der Restaurant-Küche stehen würde, hätte sich zu dem Zeitpunkt sicher niemand träumen lassen.

Restaurant

BÜFFELMOZZARELLA SENFPESTO-BAGUETTE FEIGEN-RUCOLA-SALAT

SENFPESTO

- 4 EL Pinienkerne, leicht geröstet
- 2 Bund Basilikum
- 1 Bund glattblättrige Petersilie
- 1 TL Apfelessig oder Apfelbalsam
- 1 EL Olivenöl
- 2 EL Weisswein, 2 EL Senf
- 3 EL Orangensaft
- 2 Eigelbe
- Salz, Pfeffer
- 200 g Butterwürfelchen
- 10 Scheiben Toastbrot, ohne Rinde, gewürfelt

- 1 Baguette

MARINIERTER MOZZARELLA

- 4 Büffelmozzarella
- 250 g Crème fraîche
- 1 Zitrone
- 1 Bund Majoran
- 1 rote Chilischote
- Olivenöl, Salz, Pfeffer
- 2 EL Pinienkerne

RUCOLA-FEIGEN-SALAT

- 1 Handvoll Rucola
- wenig Basilikum
- 2 Feigen
- 4 EL Olivenöl
- 2 EL Essig
- Salz, Pfeffer

Rezept für 4 Personen

Basilikum und Petersilie von den Stielen zupfen, in den Mixer geben. Pinienkerne, Apfelessig, Olivenöl, Weisswein, Senf sowie Orangensaft zugeben, zu einer Paste mixen, Eigelbe zugeben, nochmals kurz mixen. Würzen.
Butter und Toastbrotwürfelchen mit dem Handrührgerät luftig aufschlagen. Senfpesto beigeben, glatt rühren. Gratiniermasse auf eine Backfolie geben und zu einer Wurst einrollen. Kühl stellen, bis die Rolle fest ist.
Baguette in Scheiben schneiden und mit der Gratiniermasse bestreichen. Vor dem Servieren bei starker Oberhitze überbacken.

Büffelmozzarella in einer Schüssel von Hand zerpflücken. Crème fraîche untermischen. Wenig Zitronenschale abschälen, klein würfeln, zum Mozzarella geben. Majoran abzupfen und darüberstreuen. Chilischote aufschneiden, entkernen und klein würfeln, zum Mozzarella geben. Mit etwas Zitronensaft und Olivenöl beträufeln. Marinieren. Abrunden mit Salz und Pfeffer.

Rucola und abgezupften Basilikum mischen, Feigen entstielen, vierteln. Salat und Feigen mit einer leichten Sauce aus Olivenöl, Essig, Salz und Pfeffer anrichten. Mozzarella dazugeben.

Rezepte – Teil 1

****

TAFELSPITZ
VOM HIGHLAND CATTLE MIT GRANATAPFELRELISH

BÜNDNER CARBONARA
PIZOKEL MIT MEATBALLS

FELCHENFILETS
MIT OLIVENFÜLLUNG UND SCHUPFNUDELN

KARTOFFELSALAT
MIT ORIGINAL GRETLIS KALBSTÄTSCHLI

KÜRBIS-KOKOS-SUPPE IM «BÜÜRLI»
MIT HACKFLEISCHSPIESS

TAFELSPITZ VOM HIGHLAND CATTLE MIT GRANATAPFELRELISH

SUD

- 1–1,2 kg Huft vom Highland Cattle oder vom Rind
- 1 l Olivenöl
- 4 Knoblauchzehen, zerkleinert
- 1 Bund Frühlingszwiebeln
- 4 Karotten, gewürfelt
- 4 Pfälzerrüben, gewürfelt
- ½ Knollensellerie, gewürfelt
- 1 Lauch, in Scheiben
- Rindsbouillon

GEWÜRZSÄCKCHEN

- 3 Rosmarinzweiglein
- 4 Thymianzweiglein
- ½ Bund glattblättrige Petersilie
- 1 Lorbeerblatt
- 3 Wacholderbeeren
- 2 Nelken
- 10 schwarze Pfefferkörner

GRANATAPFELRELISH

- 2 EL Öl
- je 2 Pfälzerrüben und Karotten
- 3 Spross Stangensellerie
- 2 mittelgrosse Zwiebeln
- wenig Cayennepfeffer
- 1 dl Weisswein
- 1 dl Grenadinesirup
- 1 EL Sambal Oelek
- 3 EL Ketchup, Worcestersauce
- 1 EL Honig, Salz, Pfeffer
- 2 Granatäpfel

- Meerrettich

Rezept für 6 Personen

Für das Gewürzsäckchen Zutaten (Pfeffer zerdrücken) in ein Baumwolltüchlein binden. Olivenöl (das Fleisch sollte bis zur Hälfte im Öl liegen) in einem Topf auf 120 °C erhitzen. Fleisch hineinlegen. Knoblauch, Zwiebeln (Grün für die Garnitur beiseitelegen), Gemüse und Gewürzsäcklein zugeben. So viel Rindsbouillon zugeben, dass alles mit Flüssigkeit bedeckt ist. Bei schwacher Hitze 90 Minuten ziehen lassen. Fleisch aus dem Sud nehmen, abkühlen lassen. Gemüse sieben, Sud auffangen. Gemüse pürieren, mit einem Teil des Suds (Rest für Suppen und Saucen verwenden) dickflüssig einkochen lassen.

Pfälzer, Karotten und Stangensellerie (Kraut anderweitig verwenden) in Würfelchen schneiden. Gemüse blanchieren. Zwiebeln fein würfeln. Gemüse und Zwiebeln im Öl andünsten, mit wenig Cayennepfeffer bestäuben, mit Weisswein und Grenadinesirup ablöschen. Sambal Oelek, Ketchup und Worcestersauce beigeben, mit Honig abschmecken, sogleich vom Herd nehmen. Mit Salz und Pfeffer würzen und nach Belieben mit Sherryessig verfeinern. Granatapfel ausklopfen, Kerne unter das Relish rühren.

Gemüsesauce auf Teller verteilen. Portionierten Tafelspitz und Relish dazugeben. Mit Zwiebelröllchen und geriebenem Meerrettich bestreuen.

Rezept für 10 Personen

BÜNDNER CARBONARA-PIZOKEL MIT MEATBALLS

MEATBALLS

- 10 frische Schweinsbratwürste
- Öl zum Braten

QUARKPIZOKEL

- 1 kg Weissmehl
- 1 grosser Lauch, fein gewürfelt
- 1 kg Magerquark
- Salz, Pfeffer
- 12 Eier

CARBONARA

- 2 EL Olivenöl
- 5 Knoblauchzehen, klein gewürfelt
- 5 kleine Zwiebeln, klein gewürfelt
- je ½ l Rahm und Milch
- 100 g Bündner Bergkäse, gerieben
- 4 Eier
- 1 Handvoll Gartenkräuter, gehackt
- Salz, Pfeffer

HONIGBIRNEN

- 5 Birnen
- 5 Thymianzweiglein
- Butter, etwas Honig

Haut der Schweinsbratwürste abziehen, aus dem Brät Bällchen in der Grösse einer 2-Franken-Münze formen.

Für die Quarkpizokel Mehl und Lauch in einer Schüssel mischen, Quark unterrühren, mit Salz und Pfeffer würzen, Eier zugeben, zu einem Teig rühren. Teig mit einem Esslöffel portionieren, d. h. Klösschen abstechen, portionsweise in kochendes Salzwasser geben, Pizokel an die Oberfläche steigen lassen, mit dem Schaumlöffel herausnehmen, Pizokel in kaltem Wasser abkühlen, in einer Schüssel mit wenig Öl mischen (verhindert ein Zusammenkleben).

Für die Carbonara Knoblauch und Zwiebeln im Öl andünsten, Rahm und Milch zugeben und etwas einköcheln lassen. Bergkäse unterrühren, kurz köcheln lassen. Eier verquirlen, mit gehackten Kräutern unterrühren. Pfanne vom Herd nehmen. Mit Salz und Pfeffer abschmecken.

Birnen vierteln und entkernen. Mit Thymian in reichlich Butter braten. Mit Honig abschmecken.

Fleischbällchen und Pizokel getrennt braten. Pizokel anrichten, Carbonara darüber verteilen. Fleischbällchen und Birnen dazulegen.

Rezept für 4 Personen

FELCHENFILETS MIT OLIVENFÜLLUNG UND SCHUPFNUDELN

FELCHENFILETS

- 8 Felchenfilets, je 60 g
- 8 Scheiben Bauchspeck
- 120 g schwarze Oliven
- 1 Knoblauchzehe, zerkleinert
- 1 TL Zitronensaft
- Salz, Pfeffer
- 1 Prise Zucker
- 5 EL Olivenöl

SCHUPFNUDELN

- 4 Portionen Stocki
- ½ l Wasser, 1 TL Salz
- 20 g Butter, 3 dl Milch
- 120 g Weissmehl
- 4 Eigelbe, Salz, Pfeffer

- 1 Handvoll fein geschnittene Trockentomaten
- 1 Bund abgezupfte glattblättrige Petersilie, gehackt

KRÄUTERQUARK

- 1 Becher Crème fraîche
- 1 Bund fein geschnittener Schnittlauch
- wenig Olivenöl, Salz, Pfeffer

- ½ dl Balsamico, 1 TL Honig

Für die Tapenade (Fischfüllung) die Oliven quetschen und Stein entfernen, mit Knoblauch, Zitronensaft, Salz, Pfeffer und Zucker grob mixen, Olivenöl nach und nach zugeben, bis eine geschmeidige Masse entsteht. Kühl stellen.

Stocki nach Beschrieb zubereiten, auskühlen lassen. Stocki in einer Schüssel mit Mehl, Eigelben, Salz und Pfeffer verkneten. Teig portionieren, Rollen drehen, in etwa 20 g schwere Stücke teilen, Schupfnudeln formen. In schwach kochendem Salzwasser ziehen lassen, bis sie an die Oberfläche steigen. Mit Schaumlöffel herausnehmen, in einer Schüssel mit Olivenöl beträufeln.

Vier Felchenfilets auf die Hautseite legen, leicht salzen und pfeffern. Olivenpaste darauf verstreichen, mit zweitem Felchenfilet (Haut oben) zudecken, mit Speckscheiben einwickeln. In einer Bratpfanne im Olivenöl beidseitig anbraten, in der Pfanne im vorgeheizten Ofen bei 160 °C 2 bis 3 Minuten garziehen lassen.

Schupfnudeln goldgelb braten. Trockentomaten und Petersilie kurz mitbraten. Balsamico sirupartig einkochen lassen, mit Honig abschmecken.

Schupfnudeln anrichten, Fisch darauflegen, mit Balsamico beträufeln. Quark separat servieren.

KARTOFFELSALAT MIT ORIGINAL GRETLIS KALBSTÄTSCHLI

Rezept für 4 Personen

KARTOFFELSALAT

- 600–800 g Kartoffeln
- 2–3 EL Olivenöl
- 3 Schalotten
- 1 EL grobkörniger Senf
- 1 Tasse Geflügelbouillon
- 1 Becher Crème fraîche
- einige Spritzer Zitronensaft
- 1 Bund Radieschen
- 1 Bund Schnittlauch
- 1 Bund glattblättrige Petersilie
- 10 Minzeblättchen
- Pfeffer

Kartoffeln waschen, in gut gesalzenem Wasser weich kochen. Wasser abgiessen, Kartoffeln noch heiss schälen und in Scheiben oder Würfel schneiden, in eine grosse Schüssel geben.
Für die Sauce Schalotten klein würfeln, im Olivenöl andünsten, Senf mitdünsten. Mit Geflügelbouillon ablöschen, bei schwacher Hitze saucenartig einkochen lassen.
Radieschen in Scheiben, Schnittlauch in Röllchen schneiden. Petersilie von den Stielen zupfen, mit Minze hacken.
Eingekochte Schalotten und restlichen Zutaten zu den Kartoffeln geben, vorsichtig mischen, Salat 30 Minuten ziehen lassen.

KALBSTÄTSCHLI

- 5 Toastbrotscheiben
- 100 g Sbrinz, zerkleinert
- 600 g Kalbsbrät vom Metzger
- Öl zum Braten

Toastbrotscheiben entrinden, Brot würfeln, mit Sbrinz im Cutter/Mixer zu einer Panade verarbeiten. Auf einen flachen Teller geben. Vom Kalbsbrät mit einem Esslöffel Tätschli abstechen, in der Panade wenden, in einer beschichteten Pfanne im Öl beidseitig braten.

Rezept für 8 Personen

KÜRBIS-KOKOS-SUPPE IM «BÜÜRLI» MIT HACKFLEISCHSPIESS

KÜRBISSUPPE

- 2 EL Olivenöl
- 2 EL Sesamöl
- 4 mittelgrosse Zwiebeln, fein gewürfelt
- 2 Zitronengras, geschält, klein geschnitten
- 1 kg Kürbisfleisch, gewürfelt
- 1 Tasse Weisswein
- 2 Tassen Halbrahm
- 1 Tasse Kokosmilch (ungesüsst)
- 25 g Hühnerbouillon (Paste)
- 5 Tassen Wasser
- Salz, Pfeffer
- ½ dl Sherry

- pro Person ein «Büürli», 300 g

HACKFLEISCHSPIESS (FÜR 4 SPIESSE)

- Öl zum Braten
- 400 g gehacktes Rindfleisch
- 2 kleine Zwiebeln, fein gewürfelt
- 2 Eigelbe
- je 1 EL Senf, Sojasauce und Sherry
- Salz, Pfeffer

Den Büürli einen Deckel abschneiden und das Weiche aushöhlen. Brötlischalen und Deckel auf ein Blech legen. 10 Minuten vor dem Servieren im Ofen bei 210 °C aufbacken. Das Backen macht die «Suppenschüssel» nicht nur warm, sondern auch stabiler gegen die Flüssigkeit.

Zwiebeln in der Ölmischung andünsten, Zitronengras mitdünsten, Kürbis ebenfalls mitdünsten, mit Weisswein ablöschen, kurz einköcheln lassen, Halbrahm, Kokosmilch, Hühnerbouillon und Wasser zugeben, Suppe etwa eine Stunde köcheln lassen. Pürieren. Nochmals erhitzen, mit Salz, Pfeffer und Sherry abrunden. Wenn die Suppe zu flüssig ist, mit dem ausgehöhlten Brot binden.

Für die Hackfleischspiesschen alle Zutaten in eine Schüssel geben und gut vermengen. Wenn die Fleischmasse zu feucht ist, mit ein wenig Brotbröseln binden. Das Hackfleisch auf der Handfläche zu Würsten drehen, auf Holzspiesschen stecken, im Öl rundum braten.

TAMTAM

****

heutiges Rezept:

TAMTAM-PASTETLI

MIT BANANENSHAKE UND CORNFLAKE-CRACKERS

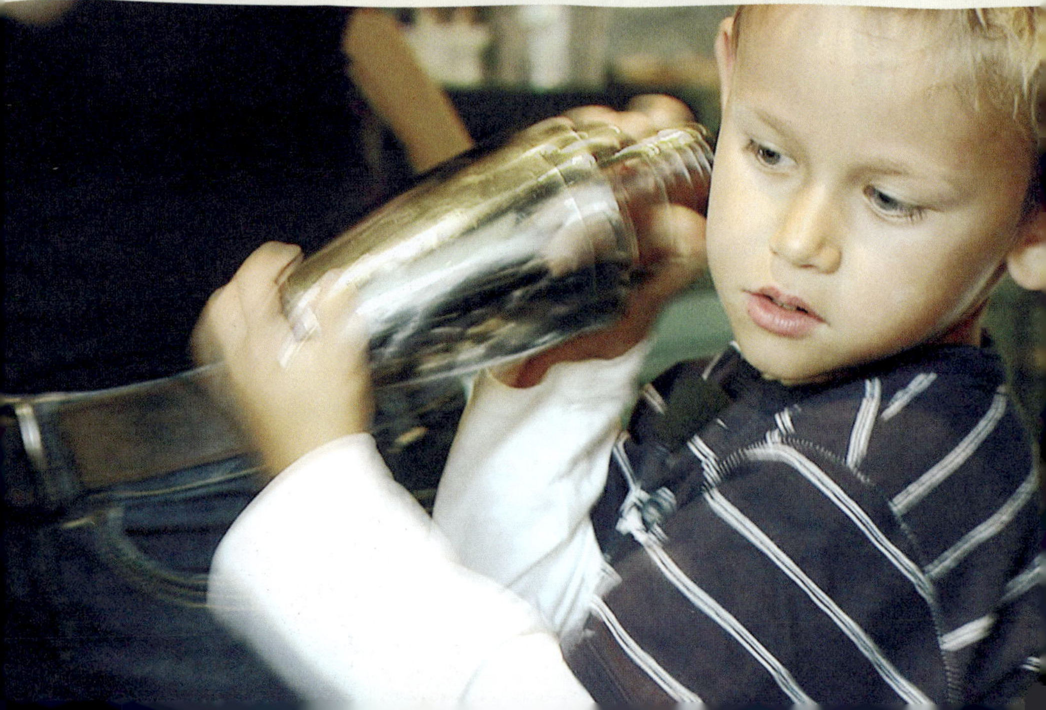

MEINE NEUE RESTAURANTCREW

FÜR EINEN TAG HERRSCHT IN MEINER RESTAURANTKÜCHE EIN RICHTIGES GEWIMMEL: 5 KINDER HABEN DEN BETRIEB ÜBERNOMMEN. MIT MEINER CREW IM MINI-FORMAT GEHT ES EIN BISSCHEN LAUTER UND CHAOTISCHER ZU UND HER ALS ÜBLICH, ABER DER SPASS IST MAXIMAL – WIE IMMER.

Mein Restaurant ist fest in Kinderhänden. Michèle, Anaïs, Nina, Christian und Lars haben den Laden übernommen. Die 5 Kids im Alter von 6 bis 12 Jahren erledigen mit meiner Crew alle Arbeiten, die an einem Tag im Restaurant anfallen. Wir kontrollieren den Wareneingang am Morgen, bringen die Küche in Schuss und bereiten erste Speisen vor. Anstatt am Computer erstellen wir die Speisekarte in Bastelarbeit. Dazu gehen einige Autogrammkarten drauf, aber das Resultat lässt sich sehen. Zwischendurch schnabulieren wir aus den Töpfen und begutachten, was meine beiden Köche Dani und Nadia für den Mittagsservice vorbereiten. Am Nachmittag wird gekocht, gebacken, angerichtet, aufgetischt. Bis die Eltern zum Essen aufkreuzen, haben wir die Lage im Griff. Meine Crew macht sich auch im Ernstfall hervorragend: Nina und Lars wirbeln im Service, obwohl sie fast über die langen Schürzen stolpern, Christian, Anaïs und Michèle stehen in der Küche, so als hätten sie nie etwas anderes gemacht. Was mich am meisten beeindruckt ist das Teamwork: Schon nach wenigen Minuten arbeiten wir auf gleicher Augenhöhe. Das ist mit manchen Erwachsenen nicht so einfach.

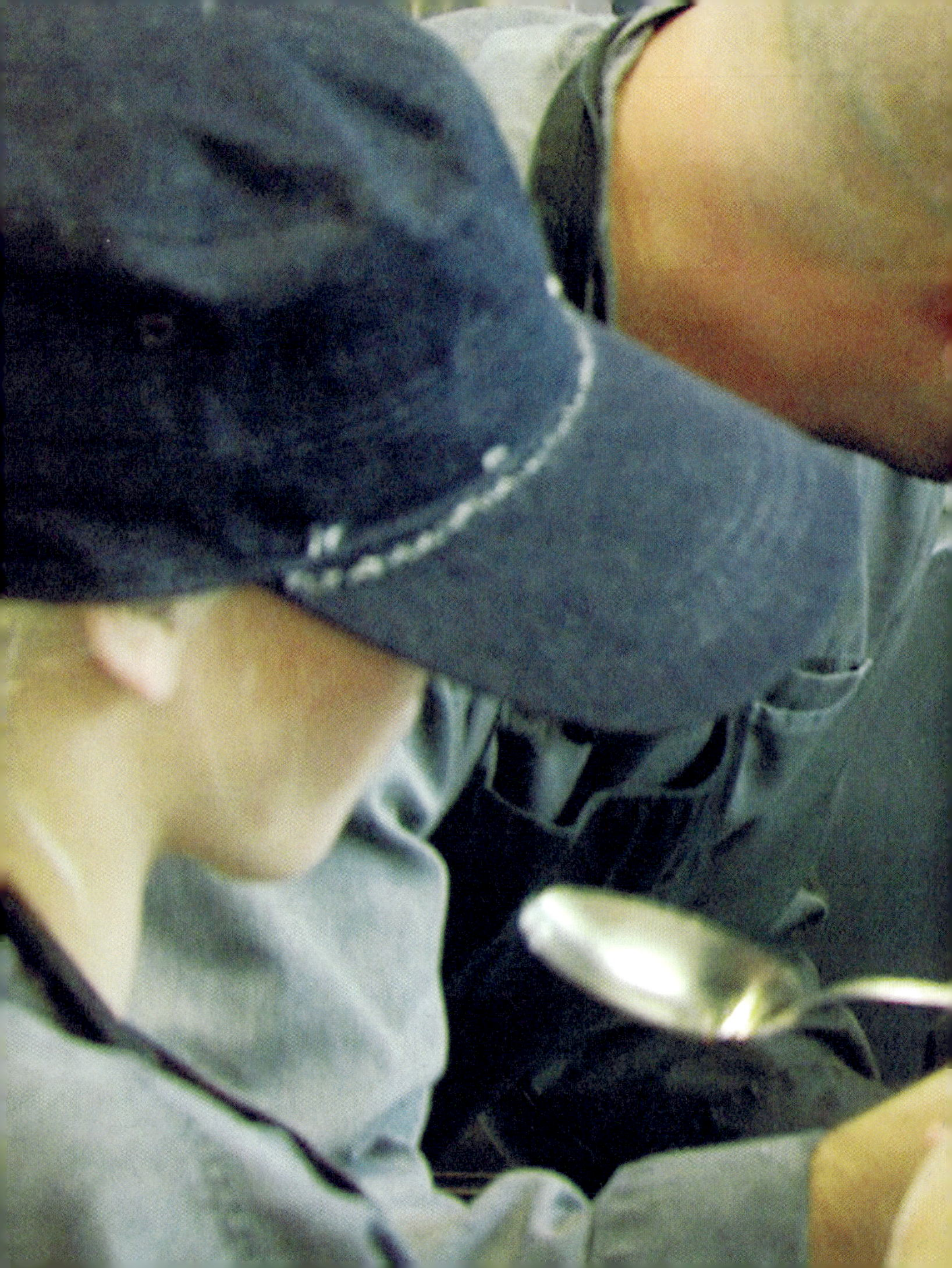

DIE PASTETLI-SHOW

Unsere Cornflake-Crackers sind um ein Haar schon gegessen, bevor wir sie überhaupt anrichten können. Wobei uns die Herstellung noch ein bisschen Nerven kostete. Beim Schmelzen der Schokolade müssen einige Dinge beachtet werden – das gibt weniger Ärger. Zuerst die noch eingepackte Schokolade einige Male auf den Tisch klopfen, sie zerbricht so von alleine in kleine Teile, und dies erst noch ohne grosse Kleckerei. Die Schüssel mit den Schokostücken dann im Wasserbad warm werden lassen. Es darf kein Wasser in die Schokolademasse kommen, sonst gibt es aus dem Ganzen einen Klumpen. Mit etwas Butter in der Masse wird die geschmolzene Schokolade schön cremig.

Der Renner sind die selber gebackenen Pastetli, die bieten nämlich eine richtige Show: Sie gehen beim Backen so schnell auf, dass man ihnen dabei zuschauen kann. Das Ganze funktioniert noch besser, wenn man die ausgestochenen Pastetliböden und -ringe umgekehrt aufeinandersetzt und den Boden vorher mit Wasser bestreicht, damit sich die beiden Schichten gut miteinander verbinden. Beim Anbringen der Glasur ist auch Vorsicht geboten: Nur den Rand sparsam bestreichen; die Glasur darf nicht hinunterlaufen, sonst verkleben die Schichten und das Pastetli geht nicht mehr optimal auf.

Rezept für 4 Personen

TAMTAM-PASTETLI MIT BANANENSHAKE UND CORNFLAKE-CRACKERS

CORNFLAKE-CRACKERS

- 400 g Schokolade
- 100 g Cornflakes
- 50 g weiche Butter

BANANENSHAKE

- 4 Bananen
- 250 g Naturjoghurt
- 1 EL Erdnussbutter
- 3–4 EL Honig
- etwas Milch
- 20 Eiswürfel

TAMTAM-PASTETLI

- 1 Eigelb
- 2 ganze Eier
- etwas Zucker

- 2 rechteckige Blätterteige
- 8 Vanille-TamTam
- 250 g Heidelbeeren
- 2 EL Crème fraîche

Schokolade in Stücke brechen, in eine Schüssel geben und im heissen Wasserbad schmelzen. Zum Schluss Butter zugeben, die Schokomasse cremig rühren. Cornflakes leicht zerdrücken, unter die Schokolade rühren. Die Masse auf einer Plastikunterlage ausstreichen, 2 Stunden in den Kühlschrank stellen.

Bananen in Stücke schneiden. Alle Zutaten im Mixer fein pürieren. Kalt stellen.

Blätterteig auf die Arbeitsfläche legen. Für jedes Pastetli zwei Rondellen ausstechen, eine Rondelle «lochen» (Deckel). Rondellen umgekehrt (der Teig geht so besser auf) auf ein mit Backpapier belegtes Blech legen, Teigringe umgekehrt auf die Rondellen legen, Deckel danebenlegen. Eigelb, Eier und wenig Zucker verquirlen, Teigrand und Deckel sorgfältig damit bestreichen. In der Mitte in dem auf 200 °C vorgeheizten Ofen 7 bis 8 Minuten backen. TamTam, Heidelbeeren und Crème fraîche verrühren, Pastetli damit füllen. Deckel aufsetzen, mit Zucker bestreuen.

Basilikum ****

heutiges Rezept:

KRÄUTER-BASICS

UND TEE FÜR DEN VORRAT

AALTO

MONOCULTIVAR
TAGGIASCA

MEIN GARTEN IM WEINKISTENFORMAT

SEIT KURZEM HABE ICH EINEN EIGENEN GARTEN. ER BESTEHT AUS EIN PAAR WEINKISTEN UND ALTEN ÖLKANISTERN. DASS ICH SO EINFACH ZU DEN BESTEN KRÄUTERN ÜBERHAUPT KOMME, HÄTTE ICH MIR NICHT TRÄUMEN LASSEN.

Ein eigener Kräutergarten ist unbestritten das Beste, was einem passieren kann. Und ich habe herausgefunden, dass das gar nicht so schwierig ist. Eigentlich kann man immer und überall, fast in jeder Lebenslage, einen kleinen Garten anlegen. In Töpfen, Büchsen, Kisten, auf Fensterbänken oder Dachterrassen, auf der Treppe, in Hinterhöfen oder auf einem Stück Brachland. In Städten wie London oder New York soll es Guerilla-Gärtner geben. Sie pflegen die radikale Art von Gärtnern, meist gekoppelt mit einer politischen Botschaft. Diese Leute werfen «Saatbomben» über ungenutzten Stellen ab, damit sich dort eine Art Minigarten entfalten kann. Ich selber werde es vorerst mit einer legalen Variante des Gartens versuchen: auf der Terrasse meines Restaurants.

GÄRTNERN FÜR ANFÄNGER

Ruth Schläppi, eine junge Gärtnerin und Journalistin aus Meiringen, gibt mir einen Crashkurs im Gärtnern. Alte Weinkisten und Ölbehälter aus meinem Restaurant dienen als Pflanzbehälter. Ganz wichtig sind die Löcher im Boden, damit das Wasser abfliessen kann. Für die mediterranen Kräuter empfiehlt Ruth sandhaltige Erde und eine Lage Kieselsteine. So funktioniert die Drainage und die Pflanzen stehen nicht im Nassen. Man kann die Kisten auch mit Plastik auslegen oder sie mit einem Öl wetterfest machen. Und schliesslich bleibt nur noch, den Kräutergarten regelmässig mit Wasser zu versorgen.

Mit einigen Grundprodukten auf Kräuterbasis lässt sich gut vorsorgen für sommerliche Menüs. Kräuteröl, Pesto und Minzesirup zum Beispiel machen bei verschiedenen Gerichten eine gute Figur. Sie passen zu Fleisch, Fisch oder Gemüse. Zur Einweihung meines Kräutergartens haben wir im Restaurant einen Pesto auf einem Tomaten-Mozzarella-Salat serviert, das Kräuteröl zum Anbraten des Fleisches verwendet und mit dem Minzesirup Äpfel mariniert.

Salbei

Salbei ist eines der ältesten Heilkräuter und wird für viele Leiden verwendet, zum Beispiel bei Halsweh.

Lorbeer

Vorsicht, der Geruch ist intensiv, vor allem bei getrockneten Blättern

Minze

Rosmarin

Majoran
Achtung, ich finde den Geschmack rasch parfumartig!

GLATTBLÄTTRIGE
Petersilie
viel stärker im Geschmack als die gekrauste Variante

Basilikum
mein Lieblingskraut

KRÄUTERÖL

- 2 Knoblauchzehen
- 5 Wacholderbeeren
- 2 Lorbeerblätter
- 4 Thymianzweiglein
- 2 Salbeiblätter
- 3 Majoranzweiglein
- 2 Rosmarinzweiglein
- 5 schwarze Pfefferkörner
- 5 rote Pfefferkörner
- 1 Schuss Sherry
- ½ dl Olivenöl

PESTO

- 100 g Basilikum
- 50 g glattblättrige Petersilie
- 30 g grob geriebener Parmesan
- 20 g leicht geröstete Pinienkerne
- Salz, Pfeffer
- Olivenöl

MINZESIRUP

- 150 g Minzeblätter
- 6 dl Wasser
- 375 g Zucker

GRÜNTEE MIT FRISCHEN KRÄUTERN

- 6 dl Wasser
- 2 EL flüssiger Honig
- 1 Rosmarinzweig
- 1 Zweig Salbei
- 1 Zweig Thymian
- 4 Grünteebeutel
- 1 Orange, für die Garnitur
- Rosmarinzweige
- Eiswürfel

KRÄUTER-BASICS UND TEE FÜR DEN VORRAT

Für das Kräuteröl die Gewürze in eine Bügelflasche füllen, Sherry zugeben und mit Olivenöl auffüllen. Das Öl an einem dunklen Ort 6 Tage ziehen lassen. Abseihen. Öl dunkel lagern.

Für den Pesto Basilikumblätter und Petersilie von den Stielen zupfen, grob schneiden. Kräuter, Käse und Pinienkerne im Mörser verstossen, mit Olivenöl zu einer Paste rühren.

Für den Sirup das kochende Wasser über die Minzeblätter giessen, 20 Minuten zugedeckt ziehen lassen. Abseihen. Minzewasser und Zucker einige Minuten sprudelnd kochen. In vorgewärmte Flaschen mit Schraubverschluss füllen, sofort verschliessen.

Für den Grüntee Wasser, Honig und Kräuter aufkochen. Grünteebeutel zugeben, 3 Minuten ziehen lassen. Abseihen. Tee auskühlen lassen. Tee auf Eis giessen, mit Orangenscheiben und Rosmarin garnieren.

bena
Piazza del Vino
AALTO

cus
OLE e OLENA

Côte de Boeuf
vom Charolais-Rind

heutiges Rezept:

CÔTE DE BŒUF

MIT ANTIPASTI-BROT-SALAT

DANGER

«CHAROLAIS»: ZAUBERWORT FÜR FLEISCHFREUNDE

DANI LEHMANN IST DER WAHRSCHEINLICH LUSTIGSTE METZGER IM LAND. SEINE SPEZIALITÄT SIND DIE CHAROLAIS-RINDER AUS FRANKREICH. WENN ER ÜBER SIE SPRICHT, GERÄT ER RICHTIG AUS DEM HÄUSCHEN.

Daniel Lehmann ist Metzger mit Haut und Haar, wenn man das so sagen kann. Seine grosse Passion sind die Charolais-Rinder aus Frankreich. Nur wenige Metzger in der Schweiz haben das zarte Fleisch im Angebot. Dani ist einer von ihnen und seine Begeisterung für die Sache ist vermutlich unschlagbar. Wenn Dani von den Kühen und dem Fleisch erzählt, kommt er richtig in Fahrt. «Freunde, Freunde, ist das nicht wahnsinnig», sagt er dann immer wieder und zeigt mit leuchtenden Augen auf die verschiedenen Fleischstücke. In seiner Metzgerei im Berner Länggass-Quartier wird das Charolaisfleisch direkt aus dem Burgund angeliefert. Mit einem «Chum ine, Madame», begrüsst Dani die Kuh – mausetot und an einem Haken aufgehängt. Trotzdem ist sie bei Metzger Lehmann in guten Händen. Dani geht mit Respekt und Humor zur Sache. Woher das Fleisch kommt, ist genauso entscheidend wie der richtige Umgang damit. Nur so wird ein schönes Stück Fleisch zu einem richtigen Charakterstück. Danis Passion fürs Charolais stammt aus seinen Lehr- und Wanderjahren in Frankreich. Er schwärmt von gutem Fleisch und träumt von einer alten Mühle an einem Kanal im Burgund.

DAS STÜCK FÜR DIE SCHÖNEN KUNDINNEN

Um das Fleisch der Charolais-Rinder ranken sich verschiedene Geheimnisse, zum Beispiel die Geschichte mit dem «Metzgerstückli». Dani schneidet aus irgendeinem verborgenen Winkel ein ganz besonderes Stück Fleisch ab, das, wie er sagt, in keinem Kochbuch vorkommt. Es ist so zart, dass man es sogar roh essen kann. Lehmanns Kommentar: «Mindestens so gut wie eine Praline von Eichenberger». In Frankreich wird das Fleisch anders geschnitten als bei uns. Ich kann mir keinen Reim darauf machen, welches Stück er wirklich meint. Mit der Zeit dünkt mich aber, es gibt an jeder Ecke von so einem Charolais-Rind ein «Metzgerstückli». Dani schneidet und schneidet und wird ganz aufgeregt vor lauter Begeisterung. Das «Metzgerstückli», so die Legende, hätten die Metzger jeweils aufgehoben, um es besonders schönen Kundinnen zu schenken …

Metzgerstückli →

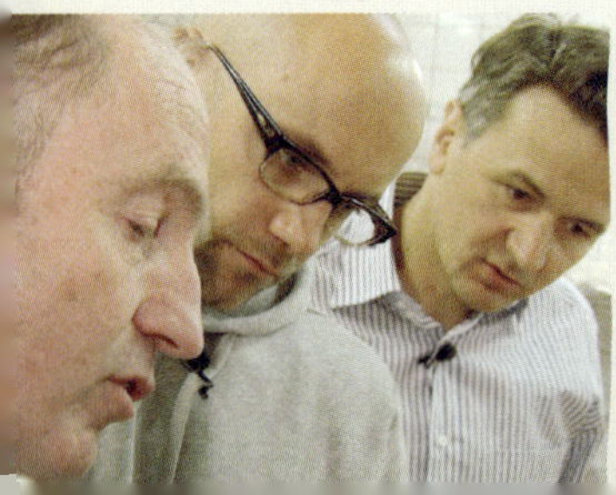

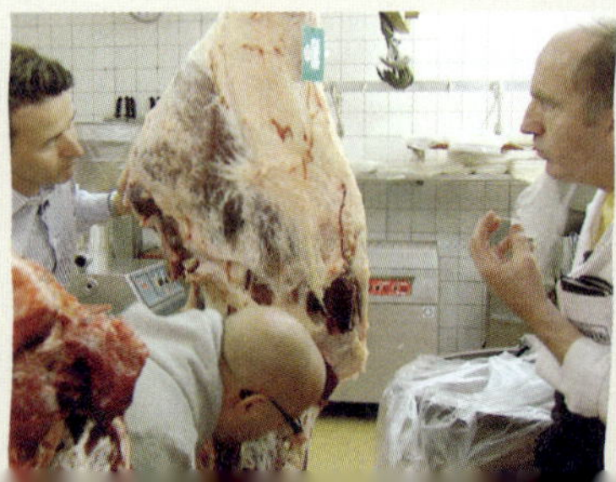

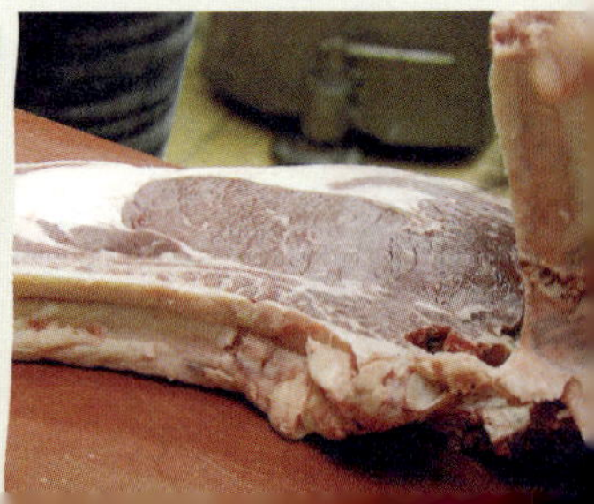

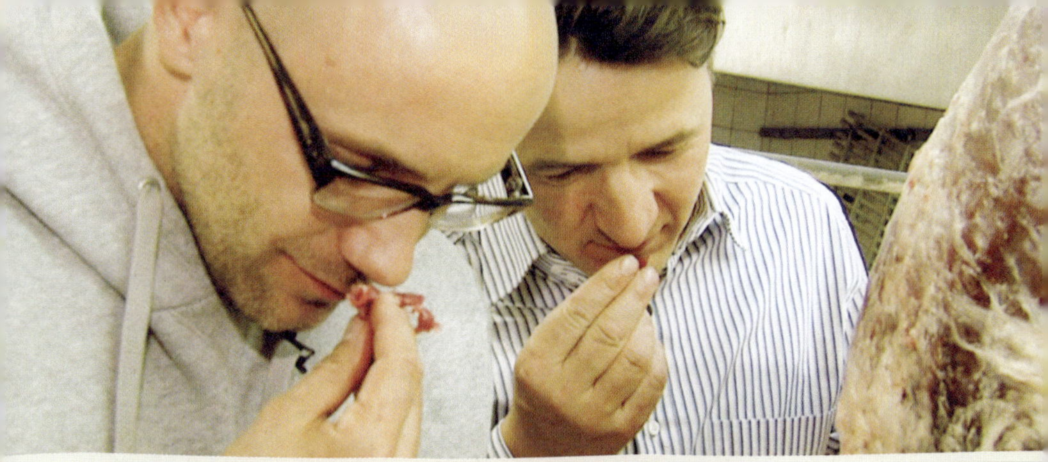

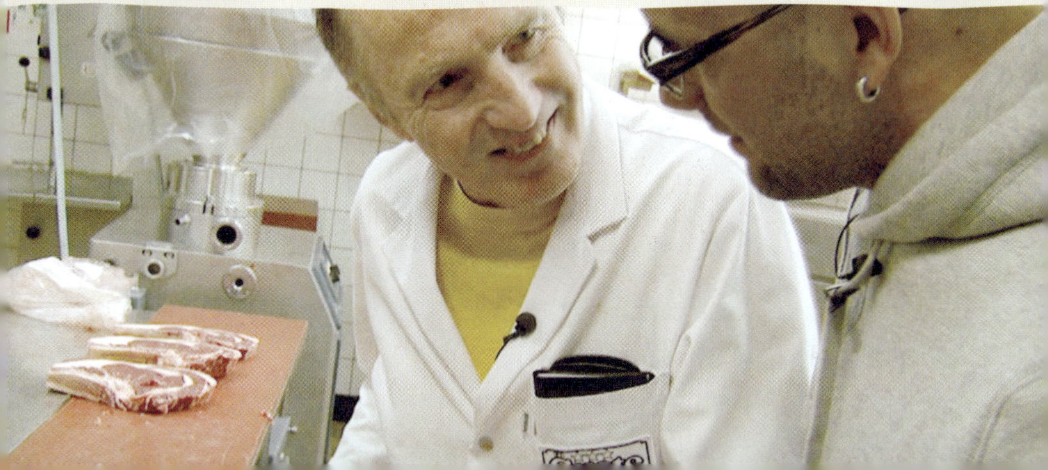

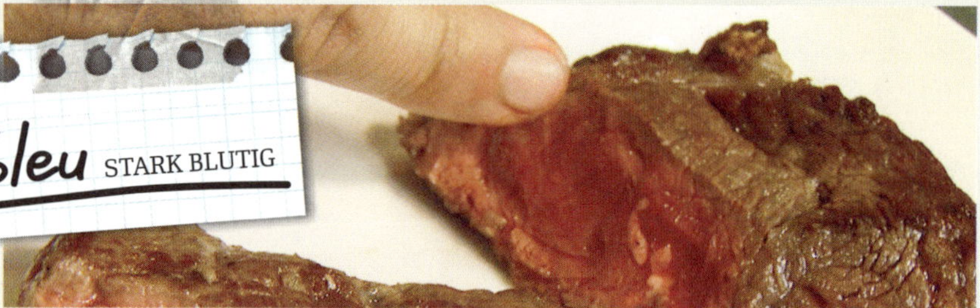

bleu STARK BLUTIG

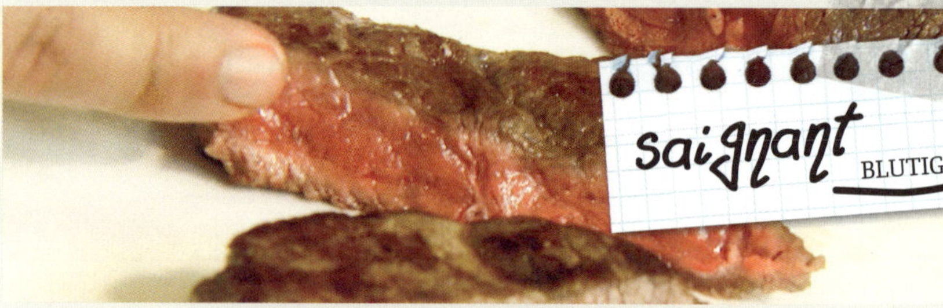

saignant BLUTIG

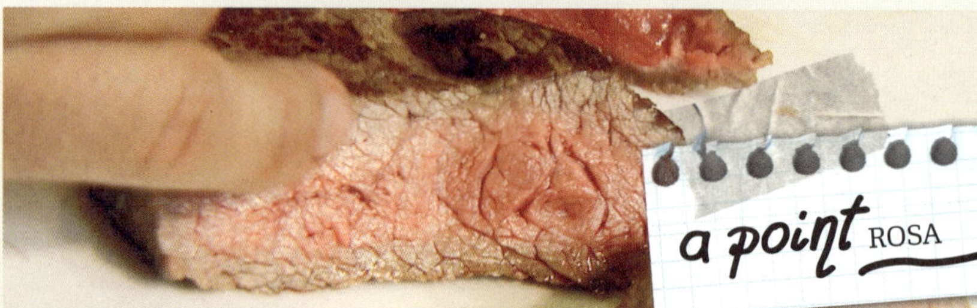

a point ROSA

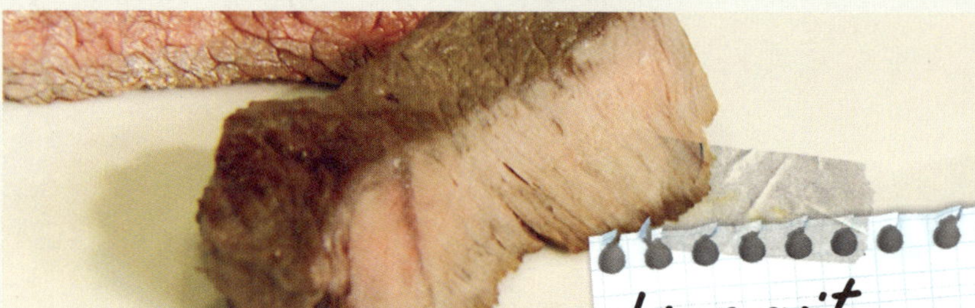

bien cuit DURCHGEBRATEN

DER SPEISEZETTEL MACHT ES AUS

Charolais-Rinder sind viel grösser und fleischiger als andere Kuhrassen. Lebend wiegt ein Rind an die 950 Kilogramm, was letztlich einem «Fleischberg» von rund 540 Kilogramm entspricht. Kein Wunder, tönt «Charolais» in den Ohren von Fleischfreunden wie ein Zauberwort. Der Name der Rinder leitet sich von Charolles ab, einer Ortschaft im Südburgund. Die Bauern dort haben fast 20 Jahre dafür gekämpft, dass das Fleisch ihrer Kühe das AOC-Label erhält («Appéllation d'Origine Contrôlée»). Das Siegel bezeugt die kontrollierte Herkunft des Produktes. Während die Auszeichnung bei Wein oder Käse verbreitet ist, ist sie für Rindfleisch aussergewöhnlich.

Dani hat mit den Züchtern im Burgund einen engen Kontakt und weiss genau, weshalb das Fleisch, das er verkauft, so gut ist. Es gibt viele Bedingungen, die stimmen müssen. Eine der wichtigsten ist die Qualität des Futters. Charolais-Rinder sind drei Viertel des Jahres draussen auf den Weiden. Sie fressen praktisch nur Gras. So legen sie nur langsam an Gewicht zu, was sich positiv auf die Qualität des Fleisches auswirkt. Hinzu kommt: Je vielfältiger das Futter, desto besser ist auch das Fleisch. In der Ursprungsregion der Charolais-Rinder sind Hecken und Trockenmauern mit speziellen Pflanzen sehr verbreitet. Genau diese Vegetation in genau dieser Region erlaubt letztlich auch ein Fleisch mit einem ganz genau definierten Charakter. «Es ist wie mit dem Wein», erklärt mir Dani. «Es kommt auf die Pflanzen, auf die Exposition und die Neigung der Weiden an – an den besten Orten gibt es das beste Produkt.»

Gar-Trick:

Die Côte de Bœuf nur schnell von allen Seiten anbraten, dann im Holdomat oder im Backofen ruhen lassen, bis die gewünschte Garstufe erreicht ist. (Achtung keine Umluft, sonst trocknet das Fleisch aus!)

Rezept für 2 bis 3 Personen

CÔTE DE BŒUF MIT ANTIPASTI-BROT-SALAT

CÔTE DE BŒUF

- 1 kg Côte de Bœuf
- Salz
- Olivenöl

ANTIPASTI-BROT-SALAT

- 1 Ciabatta, in Scheiben
- einige Knoblauchzehen, halbiert
- Olivenöl zum Anbraten
- 3 Frühlingszwiebeln
- 4 eingelegte Artischockenherzen
- 6–8 getrocknete Tomaten
- eine Handvoll Kapernäpfel
- eine Handvoll Oliven
- etwas gehobelter Parmesan
- Pfeffer

Backofen auf 85 °C Ober- und Unterhitze vorheizen. Blech warm stellen.
Côte de Bœuf gut salzen, im heissen Öl auf allen Seiten anbraten. Auf das Blech legen, im vorgeheizten Backofen 2 bis 3 Stunden niedergaren. (Alternativ kann die Côte de Bœuf nach dem Anbraten auch für zirka 12 Minuten bei 185 °C im Ofen gegart werden. Sie muss anschliessend bei 85 °C mindestens 5 Minuten eingepackt stehen gelassen werden.)

Ciabatta auf dem Grill, im Backofen oder in der Pfanne grillen, bis sie knusprig ist. Mit Knoblauchzehen einreiben, würfeln. Frühlingszwiebeln längs vierteln, Artischockenherzen in Würfel schneiden. Bei den Tomaten Stielansatz ausstechen, in Streifen schneiden, Kapernäpfel entstielen, längs halbieren, Oliven quetschen und entsteinen. Zwiebeln im Olivenöl anbraten, restliche Zutaten mitbraten, Ciabatta untermischen. Anrichten. Mit Parmesan bestreuen, mit Pfeffer abrunden. Côte de Bœuf aufschneiden, dazu servieren.

GEREI
LEHM

CHEREAU

Spargel ****

heutiges Rezept:

SPARGEL SCHNECKEN

SAISONSALAT MIT HIMBEERDRESSING

DIE SINGENDEN SPARGELN

WIE DER ANBAU VON SPARGELN FUNKTIONIERT, LERNE ICH BEI RES AESCHBACHER IM THURGAU. RES IST EIN PASSIONIERTER UND HUMORVOLLER GEMÜSEBAUER – DA WUNDERT ES MICH NICHT, DASS SEINE SPARGELN SINGEN, WEIL SIE SO FRISCH SIND.

Die meisten Gastronomen seien eh Vaganten, sagt mir Res Aeschbacher so ziemlich als Erstes nach der Begrüssung im Morgengrauen. Er kenne die Wirte. Sie sprechen ständig von Saisonalität, aber auf dem Gemüsemarkt komme keiner vorbei. Wenn es um seine Produkte geht, kennt Res keine Kompromisse. Vielleicht sind seine Spargeln deshalb so wahnsinnig gut. Und unterhaltsam ist es mit ihm auch. Er weiss viel zu erzählen und pfeffert die Geschichten mit markigen Sprüchen oder Episoden von der Jagd.

DIE KUNST DES SPARGELSTECHENS

Das Stechen der weissen Spargeln muss im Morgengrauen geschehen, erklärt Res. Es ist nämlich so, dass auch weisser Spargel grün wird, wenn man ihn am Licht liegen lässt. Sie wachsen deshalb versteckt in einem Erddamm. Über dem Damm liegt eine schwarze Folie. Darunter ist es erstens schön warm und zweitens werden die Spargeln nicht grün, wenn sie den Kopf aus der Erde strecken. Genau dann sind sie nämlich reif zum Stechen. Man muss also die Folie vorsichtig zur Seite legen, die Erde rund um eine Spargelspitze von Hand entfernen und schliesslich den Spargel tief unten abstechen. Eine wahnsinnig aufwändige Arbeit! Grüner Spargel, erzählt mir Res weiter, wächst an einem schönen Tag bis zu 20 Zentimeter. Man kann ihn jeden Tag schneiden.

RES' SPARGELTRICKS

Zum Kochen nimmt mich Res mit in seine Jagdhütte am Waldrand. Dort gibt es eine winzige Küche, in der wir hantieren können. Res erzählt mir von der Wildschweinjagd und ich kann das Trockenfleisch einer Wildsau probieren, die Res selber erlegt hat. Es ist hervorragend und passt wunderbar in unsere Blätterteigschnecken. Natürlich kann man als Begleitung zum Spargel auch andere feine Dinge in den Teig einpacken, zum Beispiel Feta, Tomatensauce oder Kapern. Hier sind der Fantasie keine Grenzen gesetzt. Keine Kompromisse gibt es allerdings beim Spargel. Sie müssen einfach frisch sein. Res zeigt mir ein paar Tricks: Frischer Spargel knackt, wenn man ihn bricht. Und wenn man mehrere Spargeln zwischen den Händen hin- und herrollt, müssen sie richtig quietschen oder eben «singen»! Sonst sind sie nicht frisch.

Rezept für 4 Personen

HIMBEERDRESSING

- 200 g tiefgekühlte Himbeeren
- 2½ dl Balsamico
- 1 EL Senf
- 3 Minzenzweiglein
- 2 Knoblauchzehen, in wenig Olivenöl gebraten
- 1 EL Puderzucker
- Salz, Pfeffer
- ½ l Olivenöl

SALAT

- 1 gelber Friséesalat
- 1 Handvoll Rucola
- 10 grüne Spargel
- 2 Tomaten
- 2 Frühlingszwiebeln
- 1 Basilikumzweiglein
- Gartenkräuter
- 100 g Feta

SPARGELSCHNECKEN

- 1 Blätterteig (30 x 30 cm)
- 1 Becher Crème fraîche
- 2 Frühlingszwiebeln
- 8 dünne Scheiben Roh- oder Landrauchschinken
- 4 weisse Spargel
- 1 EL Kapern, 100 g Fetakäse

SPARGELSCHNECKEN SAISONSALAT MIT HIMBEERDRESSING

Himbeeren, Balsamico, Senf, abgezupfte Minzeblättchen, Knoblauch und Puderzucker fein mixen, mit Salz und Pfeffer würzen. Olivenöl in einem dünnen Strahl (das ist wichtig, damit die Sauce bindet) unterrühren.

Für die Teigschnecken weissen Spargel schälen, quer in drei Stücke schneiden, diese längs halbieren. Zwiebelgrün in Röllchen, Zwiebeln in feine Ringe schneiden.
Teig mit Crème fraîche bestreichen, 2 cm Rand freilassen. Zwiebeln, Rohschinken, Spargel, Kapern und zerbröckelten Feta darauf verteilen, satt einrollen. Mit einem scharfen Messer in 2 cm dicke Scheiben schneiden, auf ein mit Backpapier belegtes Blech legen. Schnecken im vorgeheizten Ofen bei 200 °C 10 bis 12 Minuten backen.

Friséesalat in die Blätter zerlegen. Grünspargel schräg in Scheiben, Tomaten in Scheiben schneiden. Zwiebelgrün in Röllchen, Zwiebeln in feine Scheiben schneiden. Kräuter von den Stielen zupfen. Alles in einer Schüssel mit dem Himbeerdressing mischen.

Res' Spargelsud:

50% SALZ 25% ZUCKER 25% BUTTER

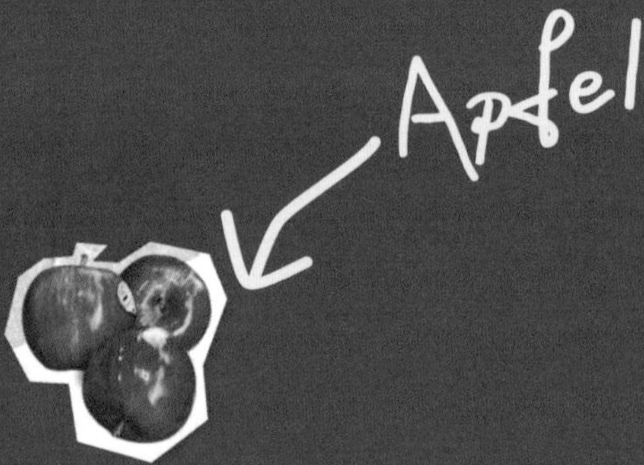
Apfel

heutiges Rezept:

BIG-APPLE

KABISSALAT

T-BONE-STEAK UND ZITRONEN-BBQ-SALSA

MIT DER NEW YORKER FEUERWEHR AM KOCHHERD

BEIM EINKAUFEN BRAUCHEN WIR EINEN XXXL-PARKPLATZ … UND IN DER KÜCHE GEHT IMMER WIEDER DER ALARM LOS: HEUTE KOCHE ICH AUF DER WACHE DER NEW YORKER FEUERWEHR IN BROOKLYN – EIN ZIEMLICHES SPEKTAKEL!

Mit der Feuerwehr ist das so eine Sache – in meinem Fall eine ziemlich ernste sogar. Seit vielen Jahren bin ich aktiver Feuerwehrmann und liebe diese Aufgabe über alles. Ich finde, Feuerwehr ist nicht nur ein Amt oder ein Beruf, sondern eine Art Grundhaltung, die das ganze Leben betrifft. Wenn ich unterwegs bin, treffe ich mich gerne mit anderen Feuerwehrleuten und freue mich jedes Mal über die Kollegialität und die Gemeinsamkeiten, ganz egal, wo man gerade ist. Keine Feuerwehr auf der Welt verkörpert diesen Lebensstil so gut wie das Fire Department New York – auch meine Freunde von der Feuerwehrstation «In the Eye of the Storm» standen bei den Anschlägen vom September 2001 mitten im Geschehen. Ein Highlight in meiner bisherigen Feuerwehr- und Kochkarriere ist der Tag, den ich auf der Wache in Brooklyn verbringe.

L.132 "IN THE EYE OF THE STORM"
F.D.N.Y.
132
N.Y.
132

DIESEL
FUEL
SYSTEM

N.Y.
132

PETE'S
DOWNTOWN

120

MEINE LIEBLINGS-STADT

New York gefällt mir extrem gut. Diese unglaublich grosse Stadt empfinde auch ich als «Landei» als zugänglich, weil jede Strasse für sich fast ein bisschen Dorfcharakter hat. Kulinarisch ist New York natürlich unschlagbar, da lasse ich mich immer gerne auf Experimente ein, hänge aber auch an Traditionen wie einem richtigen Hotdog von einem Strassenhändler in Brooklyn.

EINKAUFEN MIT DEM FEUERWEHRAUTO

Meine Freunde von der Feuerwehr sind im Essen ebenfalls Traditionalisten. Ich habe noch nie in meinem Leben so gute Chickenwings gegessen wie auf der Wache. Gekocht und gegessen wird dort immer gemeinsam. Jeweils 12 Personen absolvieren eine 24-Stunden-Schicht. Die Kompanie der Station ist benannt nach den beiden Fahrzeugen «Ladder 132» und «Engine 280». Zum Einkaufen fahren wir mit der Drehleiter 132 direkt zum Supermarkt. Die Feuerwehrleute machen das immer so. Sie sind jederzeit einsatzbereit und rücken notfalls auch aus, wenn sie am Einkaufen sind. Wir besorgen uns die Zutaten für den Kabissalat und die Sauce. Wie sich zeigt, sind die Mitarbeiter im Laden weniger über die Truppe Feuerwehrleute in Montur beunruhigt als über die Tatsache, dass uns ein Kameramann begleitet. Plötzlich stellt sich ein Securityman vor uns und schimpft. Filmen in Supermarkets ist in den USA nicht erlaubt. Da nützen auch alle Argumente der Feuerwehrhelden der Nation nichts. Bevor wir es richtig begreifen, stehen wir bereits wieder auf der Strasse.

ALARM IN DER KÜCHE

Das Kochen selber macht riesigen Spass. Alle helfen mit und es gibt viel zu lachen. Zwischendurch spielen wir im Hof Basketball. Mich beeindruckt stets aufs Neue, wie entspannt die Atmosphäre ist, obwohl es jederzeit losgehen kann. Sobald es einen Einsatz gibt, sind alle, die eben noch gescherzt und geblödelt haben, absolut ernst. Sie geben sich nie lässig, sondern sind stets aufs Schlimmste gefasst und funktionieren im Ernstfall sehr militärisch. Ich finde es eindrücklich, wie seriös diese Männer ihren Job machen. Wenn ein Alarm kommt, geht es blitzschnell. Nach 30 Sekunden fährt das erste Fahrzeug aus. An diesem Tag rücken wir mehrmals aus – allein während dem Kochen fünf Mal. Mein ursprünglicher Plan, Rösti zu machen, fällt ins Wasser, weil die Kartoffeln nämlich verkocht sind, bis wir zurückkommen. So gibt es zum Schluss halt Kartoffelstock und kaltes Fleisch, was soll's. Für den Notfall haben meine Freunde eh noch ein ganzes Blech Chickenwings vorbereitet. Sie hatten nämlich von Beginn weg Angst, dass ich nicht genug kochen würde.

CITY OF
NEW YORK

BIG-APPLE-KABISSALAT T-BONE-STEAK UND ZITRONEN-BBQ-SALSA

Rezept für 2 Personen

KABISSALAT

- 1 dl Olivenöl
- 1 grosse Zwiebel, in Streifen
- 100 g Bauchspeck, gewürfelt
- 2 Gala Äpfel, gewürfelt
- 2 Thymianzweiglein
- ½ dl milder Apfelessig
- 1 kleiner Weisskabis, halbiert, Strunk entfernt, in Streifen
- Salz, Pfeffer

- 2 T-Bone-Steaks oder Entrecôtes
- grobes Meersalz

ZITRONEN-BBQ-SALSA

- 1 EL grobkörniger Senf
- 1 TL klein gewürfelter Knoblauch
- ½ Zitrone, Saft; 1 EL Olivenöl

- 50 g Kräuterbutter
- 1 EL Sweet-Chili-Sauce, Seite 219

Zwiebeln und Speck im Olivenöl gut andünsten, Äpfel und abgezupften Thymian mitdünsten, mit Apfelessig ablöschen. Heisse Marinade mit dem Kabis vermengen. Mindestens eine halbe Stunde durchziehen lassen.

Backofen auf 180 °C vorheizen.
T-Bone-Steaks gut salzen. Auf dem sehr heissen Grill oder in der heissen Bratpfanne beidseitig gut anbraten. T-Bone-Steaks auf ein Gitter legen, mit Zitronensalsa bepinseln, im vorgeheizten Ofen bei 180 °C 6 bis 8 Minuten fertig garen. Das Fleisch aus dem Ofen nehmen und mit einer Alufolie bedecken. Bei Raumtemperatur 3 bis 5 Minuten stehen lassen.
Marinade und Fleischsaft in einem Pfännchen einkochen lassen. Kräuterbutter und Sweet-Chili-sauce unterrühren. Zum Fleisch servieren.

FDNY
KING

beef roasts
F.D.N.Y.

Rezepte – Teil 2

****

SPINATSUPPE MIT
SPIEGELEI

ZIEGENFRISCHKÄSE
IM FILOTEIG MIT PASSIONSFRUCHT-THYMIAN-ESSENZ

MAISPOULARDE MIT
HEIDELBEERBUTTER

GIESSBACHER
BÄRLAUCH-NUSS-MUFFINS

PASTA MIT
TOMATENSAUCE

Rezept für 2 Personen

SPINATSUPPE MIT SPIEGELEI

SUPPENEINLAGE

- 1 TL Butter
- 1 TL Olivenöl
- 1 Bund Frühlingszwiebeln
- ½ Knoblauchzehe, klein gewürfelt

SPINATSUPPE

- 250 g Blattspinat
- Salz
- 2 dl Weisswein
- 3 dl Geflügelbouillon
- 1 EL Crème fraîche

SPIEGELEIER

- 1 TL Butter
- 1 TL Olivenöl
- 2 Eier

- Grün der Frühlingszwiebeln
- schwarzer Pfeffer
- Parmesanspäne

Zwiebeln (das Grün ist für die Garnitur) in feine Scheiben schneiden, mit Knoblauch in der Butter-Olivenöl-Mischung dünsten.

Spinat in den Topf geben und leicht salzen, bei mittlerer Hitze zusammenfallen lassen. Mit Weisswein ablöschen, kurz köcheln lassen. Bouillon zugeben, aufkochen. Suppe fein mixen. Zum Schluss Crème fraîche unterrühren.

In einer Bratpfanne in der Butter-Olivenöl-Mischung Spiegeleier braten. Fein geschnittenes Zwiebelgrün in der gleichen Pfanne wenden.

Gedünstete Zwiebeln auf die Suppenteller verteilen, Spiegelei daraufsetzen, heisse Spinatsuppe vorsichtig dazugiessen, mit Zwiebelgrün und Parmesan bestreuen und mit Pfeffer abrunden.

ZIEGENFRISCHKÄSE IM FILOTEIG MIT PASSIONSFRUCHT-THYMIAN-ESSENZ

Rezept für 2 Personen

BASILIKUMPASTE

- 1 Bund Basilikum
- 2 Knoblauchzehen
- 1 EL Olivenöl
- 1 Msp Meersalz
- schwarzer Pfeffer

Für die Kräuterpaste abgezupfte, grob geschnittene Basilikumblätter, zerkleinerte Knoblauchzehen, Olivenöl und Salz im Mörser zu einer Paste verstossen. Mit Pfeffer abschmecken.

PASSIONSFRUCHT-THYMIAN-ESSENZ

- 4 Passionsfrüchte
- 1 Orange, Saft
- 2 Thymianzweiglein
- 1 TL Zucker
- 1 Msp Kurkuma

Passionsfruchtfleisch, Orangensaft und abgezupfte Thymianblättchen aufkochen. Zucker und Kurkuma beigeben, bei schwacher Hitze dickflüssig einkochen lassen.

ZIEGENFRISCHKÄSEPÄCKCHEN

- 1 Filoteig
- 2 Portionen Ziegenfrischkäse, je 80 g
- 4 Scheiben Rohschinken

Filoteig halbieren, Ziegenfrischkäse mit zwei Schinkenscheiben umwickeln und auf den Filoteig legen. Basilikumpaste auf den Käse verteilen, mit Olivenöl beträufeln, Ziegenfrischkäse in den Teig einpacken. Päckchen auf ein mit Backpapier belegtes Blech legen. Im vorgeheizten Ofen bei 165 °C backen, bis der Teig goldgelb ist. Kurz vor Ende der Backzeit nochmals mit der Basilikumpaste beträufeln.

Rezept für 2 Personen

MAISPOULARDE MIT HEIDELBEERBUTTER

HEIDELBEERBUTTER

- 2 Schalotten, fein gewürfelt
- 50 g frische Heidelbeeren
- 2½ dl kräftiger Rotwein
- Salz, Pfeffer
- 250 g weiche Butter

TORTILLA

- 2 EL Olivenöl
- 2 Eier
- 1 Beutel Zweifel Chips (100 g)
- 1 Chilischote
- 1 Lauch
- 1 Ei

MAISPOULARDEN

- 2 Maispoulardenbrüstchen
- Salz
- 4 Rosmarinzweiglein
- 2 Knoblauchzehen
- Pfeffer

- Rosmarinzweiglein für die Garnitur
- Chips für die Garnitur

Schalotten in wenig Butter glasig dünsten, Heidelbeeren mitdünsten. Mit Rotwein ablöschen, würzen, bei schwacher Hitze köcheln lassen, bis fast keine Flüssigkeit mehr vorhanden ist. Auskühlen lassen. Die Butter luftig aufschlagen, 4 EL Heidelbeermasse zugeben und gut mixen. Mit zwei Esslöffeln Klösschen formen, im Kühlschrank fest werden lassen (für die Vorratshaltung im Tiefkühler zuerst lose gefrieren und dann in eine Vorratsdose füllen).

Für die Tortilla die Chips zerbröseln und mit den verquirlten Eiern mischen. 15 Minuten stehen lassen. Chilischote längs aufschneiden, Kerne und weisse Rippen entfernen, Schotenhälften in Streifchen schneiden. Lauch in Würfelchen schneiden. Chili und Lauch in wenig Öl kurz glasig dünsten, zur Kartoffel-Chips-Masse geben. Das letzte Ei unter die Masse rühren. Im Öl ein dickes Omelett braten.

Poulardenbrüstchen gut salzen. Mit Rosmarinzweiglein und zerdrückten Knoblauchzehen braten.

Poulardenbrüstchen halbieren, mit portionierten Tortilla anrichten, mit Pfeffer abschmecken. Ein Klösschen Heidelbeerbutter dazulegen. Mit Rosmarin und Chips garnieren.

Rezept für 2 Personen

GIESSBACHER BÄRLAUCH-NUSS-MUFFINS

BÄRLAUCHÖL

- 100 g Bärlauch, in Streifen
- 2 dl Olivenöl

Bärlauch und Olivenöl pürieren, im Kühlschrank eine Stunde ziehen lassen. Durch einen Kaffeefilter absieben.

SCHMORTOMATEN

- 2 Handvoll Cherrytomaten
- 1 Knoblauchzehe, fein gewürfelt
- 1 EL Olivenöl
- 1 TL Akazienblütenhonig
- 1 Prise Meersalz
- 1 Prise schwarzer Pfeffer
- 4 Thymianzweiglein

Cherrytomaten in eine feuerfeste Form geben, mit Knoblauch, Olivenöl, Akazienblütenhonig, Salz und Pfeffer marinieren. Abgezupfte Thymianblättchen darüberstreuen. Im Ofen bei 85 °C Umluft 2½ Stunden schmoren lassen.

MUFFINS

- 1 Ei, 1 dl Milch
- 1 EL Olivenöl
- Meersalz, Pfeffer
- 70 g Weissmehl
- 1 TL Backpulver
- 20 g geriebener Parmesan
- 30 g Bärlauch, in Streifen
- 100 g Haselnüsse, grob gehackt

Für den Muffinteig Ei, Milch und Olivenöl mit Prise Salz und Pfeffer aufschlagen. Mehl, Backpulver, Parmesan, Bärlauch und Haselnüsse unterrühren. Den Muffinteig in zwei mit Butter eingefettete Förmchen füllen. Im vorgeheizten Ofen bei 180 °C 20 Minuten backen. Muffins im Förmchen auskühlen lassen.

OLIVENMASSE

- 10 schwarze Oliven mit Stein
- 2 EL Rohrohrzucker
- 1 EL weisser Balsamico
- 1 TL Olivenöl

- 1 Büffelmozzarella

Oliven quetschen, Stein entfernen, im Rohrohrzucker panieren, in einer beschichteten Bratpfanne braten, bis der Zucker karamellisiert. Mit weissem Balsamico und Olivenöl ablöschen, einkochen lassen. Zu einer Paste mixen, kühl stellen.

Die Muffins schräg aufschneiden, auf Teller legen. Warme Cherrytomaten dazulegen. Mozzarella in Stücke reissen, auf die Teller verteilen, Olivenmasse würzen, mit dem Bärlauchöl beträufeln.

Rezept für 2 Personen

- 200–300 g Pasta, z. B. gerillte Penne

TOMATENSAUCE

- 6 reife Strauchtomaten
- 6 Thymianzweiglein
- 4 Oreganoblättchen, in Streifchen
- 2 Knoblauchzehen
- 1 EL Meersalz
- 1 TL Zucker
- 3 EL Olivenöl
- 2 EL Olivenöl
- 3 Schalotten
- 2 mittelgrosse Chilischoten
- je 3 grüne und schwarze Oliven mit Stein
- 2 EL Kapern
- ½ Bund Basilikum, Blättchen abgezupft und fein geschnitten
- glattblättrige Petersilie, Blättchen abgezupft, fein geschnitten
- etwas Parmesan
- 1 EL Crème fraîche

PASTA MIT TOMATENSAUCE

Stielansatz der Tomaten ausstechen, längs halbieren, mit Schnittfläche nach oben in eine feuerfeste Form legen. Abgezupften Thymian, Oregano, zerdrückte Knoblauchzehen, Salz und Zucker über die Tomaten verteilen, mit Olivenöl (3 EL) beträufeln. Im vorgeheizten Ofen bei 180 °C 15 Minuten schmoren lassen.

Schalotten fein würfeln. Chilis aufschneiden, Kerne und weisse Rippen entfernen, in Würfelchen schneiden. Oliven quetschen und entsteinen, zerkleinern. Schalotten, Chili, Oliven und Kapern im Olivenöl (2 EL) andünsten, Ofentomaten zugeben, Sauce grob pürieren. 5 bis 10 Minuten bei mittlerer Hitze einköcheln lassen.

Pasta im Salzwasser al dente kochen, abgiessen, zur Tomatensauce geben. Basilikum und Petersilie unterrühren. Mit schwarzem Pfeffer abschmecken. Anrichten. Parmesan und Crème fraîche auf die Pasta geben und sofort servieren.

Erdbeere

heutiges Rezept:

ERDBEERKONFITÜRE

IM WIENER PALATSCHINKEN

DIE ERDBEERSAGA AUS WIEN

IN SACHEN QUALITÄT UND GESCHMACK IST HANS STAUD EIN RICHTIGER PERFEKTIONIST. NICHT UMSONST SIND SEINE KONFITÜREN AUF DER GANZEN WELT BEKANNT. WIE SAGENHAFT GUT EINE EINFACHE ERDBEERKONFI SEIN KANN, ERFAHRE ICH BEI MEINEM BESUCH BEI STAUD'S IN WIEN.

Wegen einer Erdbeerkonfitüre nach Wien zu reisen, mag ein bisschen verrückt klingen. Ich habe es keinen Augenblick bereut, denn die Konfitüre der Firma Staud's in Wien ist schlicht unschlagbar. Sie schmeckt so frisch und aromatisch wie eine aus dem Garten stibitzte Erdbeere im Frühsommer. Angetan haben es mir auch die Macher: Hans Staud ist eine fest verankerte Grösse im Wiener Wirtschafts- und Kulturleben. In seiner «Feinkostfabrik» mitten in einem Wohnviertel des 16. Bezirks werden Köstlichkeiten aus Früchten und Gemüse produziert: Konfitüren, Sirup, Eingemachtes – die Wiener nennen es ein wenig umständlich, aber charmant: «süsse und feinsaure Delikatessen».

Hans liegt es im Blut: Schon seine Grosseltern und Eltern waren Gemüsehändler. Er führt das Erbe mit einem radikalen Bekenntnis zu Qualität fort. Kein Wunder, werden seine Erzeugnisse in allen möglichen Ländern verkauft. Sie sind die Essenz eines Puristen, der in jedem Grundprodukt den Kern der Wahrheit sucht und ihn im Gaumen zum Klingen bringt. Das Unverfälschte und der grundeigene Geschmack der Dinge machen den Genuss aus. Später beim Kochen streiten wir uns ständig, was man verwenden «darf» und was nicht. Hans findet zum Beispiel Backpulver und Vanilleessenz komplett daneben, weil es «unnatürliche» Zusatzstoffe sind. Uneins sind wir uns auch, wie man den Omelettes oder Pfannkuchen sagt, die wir zusammen backen: Als ich von «Crêpes» spreche, versteht Hans «Krebs», und ich bin zuerst ratlos, was er mit «Palatschinken» meint. Es ist ohnehin schon zu spät, als ich merke, auf welch dünnem Eis ich mich bewege mit diesem Rezept, das als eine Tradition Wiens gilt. Zum Schluss einigen wir uns zum Glück und haben eine Menge zu lachen. Und die «schweizerisch-wienerische» Koproduktion, wie es Hans nennt, kann sich durchaus sehen lassen.

Klassische Wiener Konfitüre
HEIDELBEEREN
Klassische Wiener Konfitüre

GLÜCKSVERSPRECHEN IM GLAS

Stefan Schauer, der Kompagnon von Hans, führt mich durch die Produktionsstätte in der Hubergasse. Ich hätte nie gedacht, dass man auf so kleinem Raum einen solchen Output haben kann – und erst die Büros! Winzige Räume mit Wandregalen bis zur Decke, daraus quellen Bücher, Ordner, Einmachgläser, Fotos, Urkunden und Erinnerungsstücke. Aber wen interessiert das schon, wenn einem der Duft der Konfitüre aus dem grossen Kochkessel in die Nase steigt. In jedem Arbeitsschritt werden die Früchte mit allerhöchster Rücksicht auf ihren Geschmack behandelt. Sie werden zum Beispiel nicht richtig gekocht, sondern nur erhitzt. So entwickeln sich die Aromastoffe besser. Toll ist die Abfüllanlage. Das Klimpern der Gläser erfüllt den Raum, die Maschinen stampfen und zischen, bis alle Behälter abgefüllt und schön verschlossen sind. Dann marschieren die Gläschen in Reih und Glied weiter zur Etikettierung.

WIENER CHARME ÜBER ALLES

Unsere Kochstation in Hans' Laden am Brunnenmarkt ist ziemlich improvisiert. Es fehlt uns immer wieder irgendein Kochgerät. Hans eilt mehrmals zu den Nachbarn, um etwas auszuleihen. Zum Glück gibt es rundum einige befreundete Wirte. Wie ich später herausfinde, war es ihm auch wichtig, bei den Profis Rat zu holen. Denn dem Rezept des «Schweizer Kochs» traute Hans bis zum Schluss nicht ganz. Hin und wieder erhalten wir auch Besuch von Kunden, obwohl das Geschäft eigentlich geschlossen ist. Die Kundschaft ist Hans heilig und auf alle Fälle wichtiger als eine laufende Fernsehkamera. Deshalb bedient er alle und lässt mich wiederum ratlos an meinen Töpfen zurück. Ich bin froh, dass Stefan einspringt und so nehmen unsere Palatschinken doch noch Form an, bevor die Gäste eintreffen. Und Hans kann ich sein Verschwinden auch nicht verübeln, denn nicht umsonst lieben ihn die Kunden über alles – und ich ja schliesslich auch.

Staud-Lösung:

Für den Omelettteig anstelle von Backpulver kohlensäurehaltiges Mineralwasser nehmen.

STAUD'S

Rezept für 4 Personen

TEIG

- 4 Eier
- ½ dl Milch
- 2 Briefchen Vanillezucker
- 2 Prisen Salz
- 200 g Weissmehl
- 4 EL kohlensäurehaltiges Mineralwasser
- 100 g erkaltete, flüssige Butter

- etwas Butter zum Ausbacken
- flüssige Butter zum Bepinseln
- Zucker zum Bestreuen

ERDBEERFÜLLUNG

- 1 Schale Erdbeeren
- etwas grüner Pfeffer
- Holunderblütensirup
- 100 g Ricotta
- 1 Handvoll Haselnüsse
- Apfelbalsam
- 1 Glas Staud's Erbeerkonfitüre

ERDBEERKONFITÜRE IM WIENER PALATSCHINKEN

Eier und Milch in einer Schüssel verquirlen, Vanillezucker und Salz zugeben. Mehl unter Rühren zugeben. Butter und Mineralwasser unterrühren. Teig zugedeckt kurz ruhen lassen.

Haselnüsse in einen Plastikbeutel füllen und mit einer Pfanne zerdrücken. Nüsse in einer beschichteten Bratpfanne ohne Fett leicht rösten. Erdbeeren mit Stiel waschen (so verwässern sie nicht), zerkleinern. Würzen mit etwas grünem Pfeffer, abschmecken mit Holunderblütensirup. Ricotta zerbröckeln, unter die Erdbeeren mischen. Haselnüsse unterrühren, mit Apfelbalsam abschmecken.

In einer Bratpfanne in wenig Butter Palatschinken (Omeletts) ausbacken, mit Erdbeerkonfitüre bestreichen, Füllung darauf verteilen, einrollen. Palatschinken in eine Gratinform legen und mit flüssiger Butter bepinseln, mit wenig Zucker bestreuen. Im vorgeheizten Ofen bei 180 °C Oberhitze 6 Minuten überbacken.

STA

UD'S

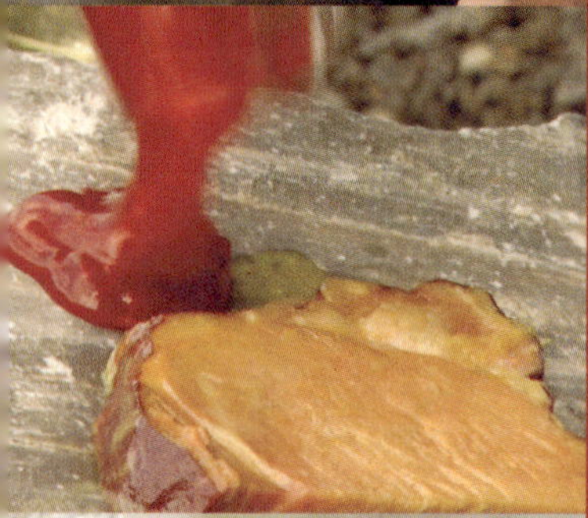

Grossmutters **** Dampfkochtopf

heutiges Rezept:

BERNER PLATTE AUS GROSSMUTTERS

DAMPFKOCHTOPF

Beat HOFER
Bergführer

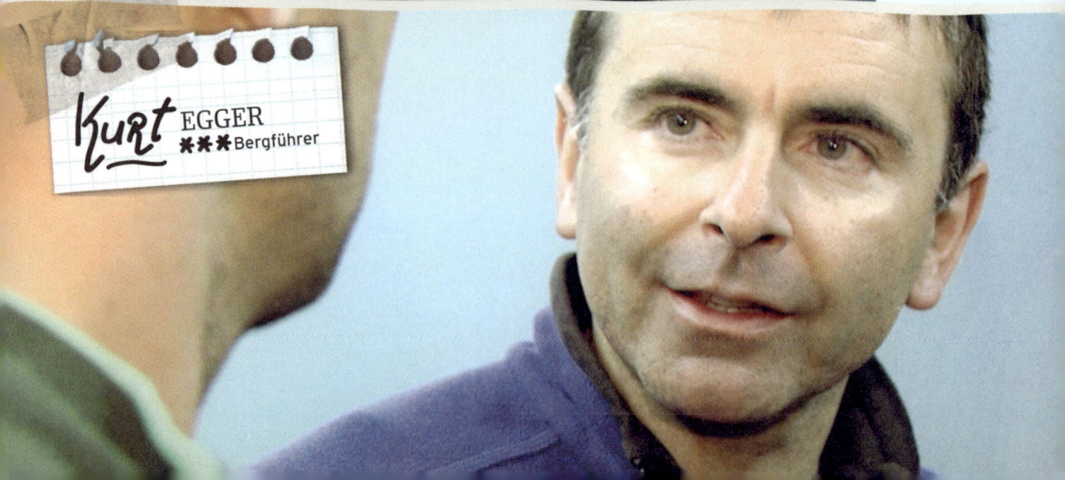
Kurt EGGER
Bergführer

MIT DEM DAMPFKOCHTOPF IN DIE EIGERNORDWAND

INS SCHWITZEN GERIET ICH SCHON BEI DER PLANUNG DIESES VORHABENS: HEUTE GEHT ES IN DIE SENKRECHTE. ICH KOCHE FÜR EIN BIWAK IN DER EIGERNORDWAND. DER DAMPFKOCHTOPF MEINER GROSSMUTTER RETTET MICH UND BESCHERT UNS EIN TOLLES ESSEN AUF 2900 METERN ÜBER MEER.

Es gibt Küchengeräte, auf die ich niemals verzichten möchte. Der Dampfkochtopf meiner Grossmutter ist so ein Stück – zwar ein bisschen aus der Mode gekommen, aber im Grunde genommen eine Erfindung für die Ewigkeit. Als es um die Planung meiner «Expedition» in die Eigernordwand ging, half mir diese Küchen-Ikone aus den 1960er-Jahren einmal mehr über die Runden. Das Expeditionsmenü lässt sich nämlich im Topf verstauen und im luftigen Biwak genügen dann ein paar Minuten Hitze vom Benzinkocher für den Garprozess.

KABIS AUS DEM PANORAMA-GARTEN

Für einen normalen Gast reicht am Berg üblicherweise ein Bergführer – für mich und meinen Dampfkochtopf braucht es zwei. Beat Hofer und Kurt Egger aus Grindelwald übernehmen den Job. Sie kennen vermutlich jeden Stein zwischen Grindelwald-Grund und dem Eigergipfel. Vor allem aber haben sie gute Nerven, viel Humor und hinterlassen auch in der Küche einen artigen Eindruck. Gemeinsam führen Beat und Kurt die Event-Organisation Eiger Vision. Sie organisieren so ziemlich alles, was einem einfallen kann, und wissen natürlich auch, dass der Garten von Bäuerin Käthi Brawand einer der schönsten ist. Ganz abgesehen vom umwerfenden Blick auf den Eiger. Käthi ist zwar skeptisch. Sie meint, ihr Kabis sei nie so schön wie einer, der im Flachland wächst. Dafür ist er den alpinen Herausforderungen gewachsen! Ob ich das von mir auch behaupten kann, wird sich erst noch weisen.

Es empfiehlt sich, für selbstgemachtes Sauerkraut einen Steinguttopf zu verwenden (auch aus Grossmutters Küche). Er ist geruchsneutral. Den fein geschnittenen Kabis salzen und gut stampfen, damit Saft austritt. Zum Schluss etwas Zucker darüberstreuen. Dann wird der Topf mit einem nassen Tuch versiegelt und bleibt 4 bis 6 Wochen stehen. Wichtig ist, das Tuch jede Woche zu wechseln.

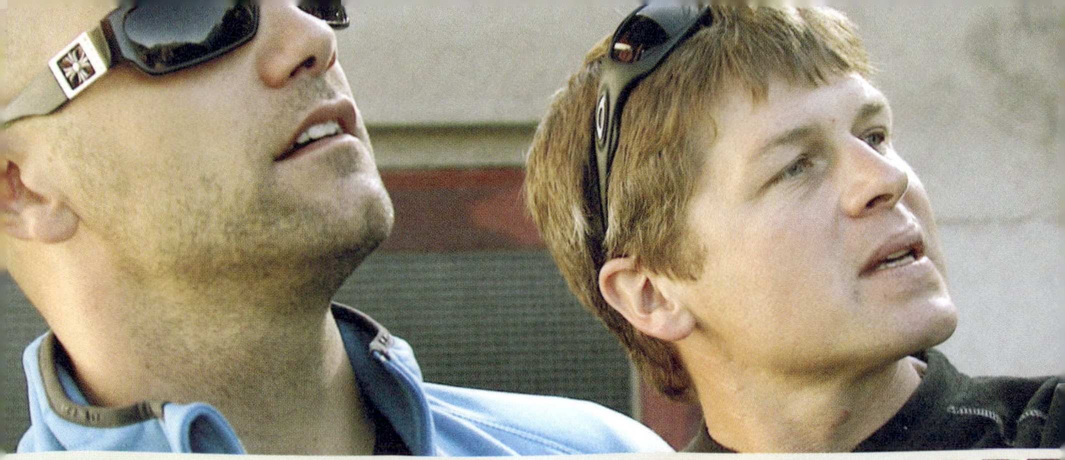

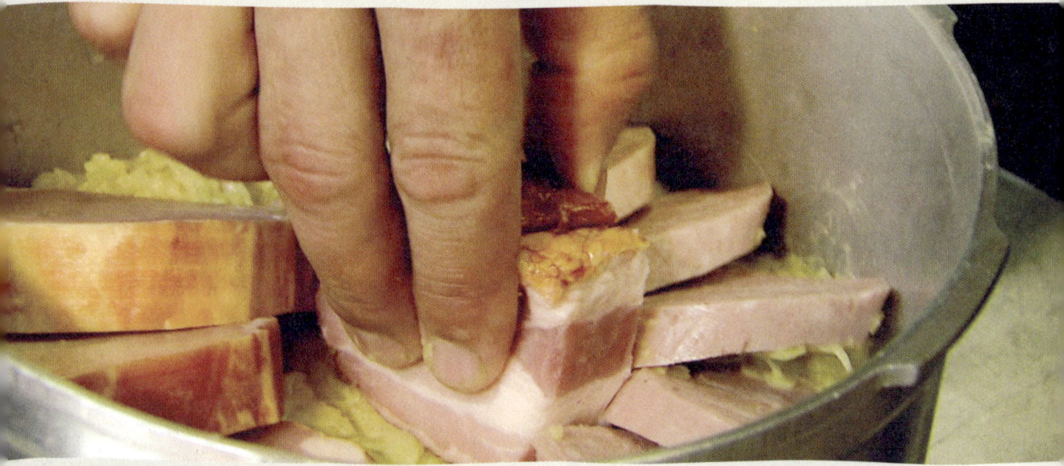
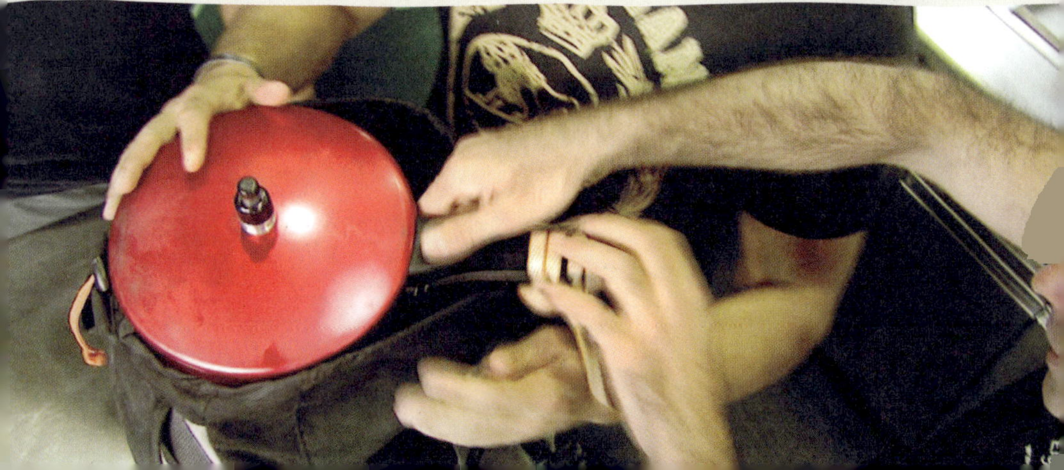

ALLES HAT SEINE ORDNUNG

In der Küche fülle ich mit Beat und Kurt den Dampfkochtopf Schicht um Schicht. Unsere ganze alpine Berner Platte verschwindet darin: das vorgekochte Sauerkraut, die geräucherte Wurst, der Speck, die Kartoffeln und karamellisierten Shiitake. Beim Dampfkochtopf gibt es ein paar Dinge, die man unbedingt berücksichtigen sollte. So braucht es zuunterst im Topf etwas Wasser, sonst kocht alles an. Der Vorteil eines Dampfkochtopfes ist, dass die Garzeiten im Wasserdampf wesentlich kürzer sind. Weil alles luftdicht verschlossen ist, steigen die Temperaturen und gleichzeitig herrscht leichter Überdruck. Damit ist nicht zu spassen. Beim Öffnen also unbedingt darauf achten, dass der Druck abgebaut ist.

Packliste

- Steigeisen
- Klettergurt
- Eispickel
- Paar Handschuhe
- Windjacke
- Thermosflasche
- Sackmesser
- Benzinkocher
- Dampfkochtopf

SCARPA

DRAMATISCHER ESSPLATZ

Unser «Esszimmer» befindet sich auf einem kleinen Felsvorsprung im unteren Drittel der Eigernordwand beim sogenannten Stollenloch 3,8. Dieses «Loch» ist eigentlich eine Türe mitten in der Wand. Es stammt aus der Bauzeit der Jungfraubahn, als durch den Stollen Aushub entsorgt wurde. Der Ausgang liegt bei Kilometer 3,8 der Jungfraubahn. Das Stollenloch erlangte später Bekanntheit, weil es der Ausgangspunkt für Rettungen von Alpinisten in der Wand war. Die berühmteste Aktion war das Drama um den deutschen Bergsteiger Toni Kurz, der wenig oberhalb des Stollenlochs vor den Augen seiner Retter aus Erschöpfung starb. Es gibt zu fast jeder Ecke in der Eigernordwand eine Episode. Hinter den Orten, die da heissen «Schwalbennest», «Götterquergang», «Hinterstoisser-Quergang», «Spinne» oder «Bügeleisen», verbergen sich oft Heldentaten oder tragische Vorfälle. Kurt und Beat erzählen lauter solche Geschichten. Sie geben der prächtigen Szenerie vor unserem Biwakplatz einen richtig dramatischen Charakter.

Ich für meinen Teil war vor allem froh, dass erstens der Dampfkochtopf mitsamt Inhalt heil bis zum Stollenloch gekommen ist und er zweitens auch auf 2900 Metern über Meer einwandfrei funktionierte (nachdem wir das Ventil im zweiten Versuch endlich richtig montiert hatten).

EDELRID

GRIVEL

BERNER PLATTE AUS GROSSMUTTERS DAMPFKOCHTOPF

Rezept für 4 Personen

THAI-CURRY-SAUERKRAUT

- 1 kg Weisskabis
- 20 g Salz
- 10 g Zucker
- ½ dl Kokosmilch
- 2 Zitronengrasstängel
- 1 Kaffirlimettenblatt
- 2 Scheiben Ingwer
- 1 EL Currypaste
- etwas gelber Curry

BERNER PLATTE

- 4 festkochende Kartoffeln
- 1 Rippli (zirka 250 g)
- 1 Zungenwurst
- 250 g Speck

SWEET-CHILI-SAUCE

- Rezept Seite 219

SHIITAKE

- 250 g Shiitake
- Sojasauce
- etwas Rohrohrzucker
- 1 Limette, Saft

Kabis halbieren, Strunk entfernen, Hälften in feine Streifen hobeln, mit Salz in einen Steinguttopf füllen. Zucker darüberstreuen. Kabis mit einem nassen Tuch zudecken, 4 bis 6 Wochen stehen lassen. Tuch wöchentlich wechseln.

Für das Thai-Curry-Sauerkraut Kokosmilch erwärmen. Zitronengras leicht zerschlagen, mit übrigen Zutaten zum Sauerkraut geben, aufkochen, Gewürze entfernen.

Shiitake zerkleinern. Sojasauce in einer Pfanne erwärmen, Pilze beigeben und andünsten. Mit etwas Rohrohrzucker karamellisieren. Zum Schluss Limettensaft beigeben.

Rippli, Wurst und Speck in Portionen schneiden, mit geschälten, in Schnitze geschnittenen Kartoffeln (roh), Sauerkraut und Pilzen im Dampfkochtopf kochen.

RUMPELSTILZ
LIVE IM ANKER
STEREO
SUISA
RUMPELSTILZ LIVE IM ANKER INTERLAKEN
MUSIG WOS BRINGT
ROTE WY
A

Knoblauch ****

heutiges Rezept:

GEHACKTES MIT HÖRNLI UND MANGOCHUTNEY

CIMBALI

MUSIC FOR
STONED P.
RUMPELSTILZ FÄHRT
Restaurant
ANKER
Interlaken
13./14.* Januar 1989
15. Januar 1989
* ausverkauft

MEINE NACHBARN, DIE PATRONS DES MUNDARTROCK

HEUTE KOCHE ICH MIT MEINEM NAMENSVETTER RENÉ SUTTER. ALS WIRT IM RESTAURANT GOLDENER ANKER IN INTERLAKEN IST ER MEIN GASTRONOMISCHER NACHBAR UND ALS GASTGEBER EINES MEINER GROSSEN VORBILDER.

Das Restaurant Goldener Anker in Interlaken ist ein absolutes Kultlokal. Hier hat der Schweizer Mundartrock sozusagen seinen Anfang genommen, denn im Anker sind Hanery Amman und Polo Hofer gross geworden. Zahlreiche nationale und internationale Bands gehören seit Jahrzehnten zu den Stammgästen. Dabei ist es so eng und verwinkelt in der Gaststube, dass sich die Musiker auf die Bühne quetschen müssen wie Hühner auf ein Stängeli. Aber nirgends sonst ist die Atmosphäre so persönlich und so herzlich. Vielleicht deshalb haben einige der Konzerte das Zeug zur Legende, zum Beispiel die drei Abende im Januar 1989, als Rumpelstilz ihre CD «Live im Anker» aufnahmen. René Sutter und seine Frau Jeannette wirten seit über 30 Jahren im Anker. Sie sind das Herz und die Seele des Lokals, das aus Interlaken schlicht nicht mehr wegzudenken ist.

HOMMAGE AN DIE 60ER-JAHRE

Eine Prise Flowerpower gehört zum Anker. Auch wenn sich über die Jahre vieles ändert, werfen René und Jeannette nicht gleich alle Werte über Bord. So sind die Spuren der Geschichte auch in der Ankerküche sichtbar: Herd und Fritteuse zum Beispiel stammen aus den 1960er-Jahren. Was in anderen Betrieben bestenfalls noch als Nostalgie gepflegt wird, ist hier noch voll im Einsatz. Und dies mit Erfolg: Denn auch kulinarisch ist der Goldene Anker eine der besten Adressen der Region. Punkto kochen kann ich René also gar nichts vormachen, deshalb entscheide ich mich für einen absoluten Klassiker: Gehacktes mit Hörnli. Ein bisschen Nostalgie scheint mir als Hommage an den Anker passend, deshalb füllen wir unser Gericht in Einmachgläser ab. Grossmutters Vorsorge für unfreundliche Wintertage lässt sich nämlich vielfältig einsetzen: Einmachgläser machen sich überall gut, zuhause auf dem Küchentisch oder als Transportbehälter fürs Picknick.

Hotel
Anker

Rezept für 2 Personen

GEHACKTES MIT HÖRNLI UND MANGOCHUTNEY

MANGOCHUTNEY

- 2 reife Mangos
- 100 g Gelierzucker
- 1 daumendickes Stück Ingwer
- 1 kleine Chilischote
- 1 Sternanis

GEHACKTES MIT HÖRNLI

- 1 Tasse Hörnli
- 1 EL Sesamöl

- 1 EL Olivenöl
- 1 Knoblauchzehe, fein gewürfelt
- 300 g gehacktes Rindfleisch
- 3 EL Sojasauce
- 1 EL Sweet-Chili-Sauce, Seite 219
- Grün von einem Bund Frühlingszwiebeln, fein geschnitten
- Salz, Pfeffer

Mangofleisch vom Stein schneiden, in Würfel schneiden. Ingwer schälen, in Würfelchen schneiden. Chili aufschneiden, Kerne und weisse Rippen entfernen, Schotenhälften in Streifen schneiden. Mangowürfelchen, Gelierzucker und Gewürze aufkochen, bei mittlerer Hitze etwa 20 Minuten köcheln lassen. Heiss in vorgewärmte Gläser mit Schraubverschluss füllen.

Hörnli im Salzwasser kochen, abgiessen. Nicht mit Wasser abspülen! Mit Sesamöl mischen.

In einem Topf Öl erhitzen, Knoblauch und Hackfleisch kräftig anbraten. Mit der Sojasauce ablöschen. Sweet-Chili-Sauce, Hörnli sowie Zwiebelgrün untermischen. Abschmecken mit Salz und Pfeffer.

1 x 1s

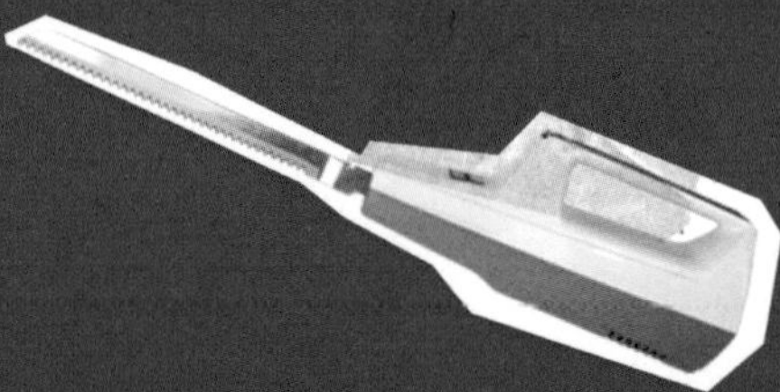

BASICS

EINFACHE GRUNDBAUSTEINE ZUM KOMBINIEREN

APFELCHUTNEY

- 4 EL Weisswein
- 1 EL weisser Balsamico
- ½ Vanilleschote, längs halbiert
- ½ Zitrone, Schale und Saft
- 100 g Puderzucker
- 2-3 Äpfel
- 50 g weiche Butter
- 2 EL Crème fraîche
- 1 Minzezweiglein

Weisswein und Balsamico erhitzen, aufgeschnittene Vanilleschote, Schale und Saft der Zitrone zugeben. Puderzucker unterrühren, zu einem Sirup einkochen lassen. Äpfel schälen, vierteln und entkernen, in feine Scheiben schneiden, im Sirup weich kochen. Zum Schluss Butter und Crème fraîche unterrühren. Fein geschnittene Minzeblättchen unterrühren.

SAFRAN-MAYONNAISE

- 1 Eigelb
- 1 EL scharfer Senf
- 15 eingeweichte Safranfäden
- 1,3 dl Sonnenblumenöl
- 3 EL Olivenöl
- ½ TL Sherryessig
- Salz, Pfeffer

Eigelb, Senf, Salz und Safranfäden verrühren. Unter Rühren zuerst das Sonnenblumenöl, dann das Olivenöl im dünnen Faden unterrühren; es soll eine feste Creme entstehen. Mit Sherryessig, Salz und Pfeffer abschmecken.

KARAMELLISIERTER SPECK

- 50 g Zucker
- 200 g geräucherte Speckscheiben
- 1 Knoblauchzehe, zerdrückt
- Weisswein und weisser Balsamico

Zucker in einer Bratpfanne flüssig werden lassen, Speck und Knoblauch zugeben, karamellisieren. Mit Weisswein und Balsamico ablöschen.

GESCHMORTE CHERRYTOMATEN

- 2 Cherrytomatenzweige, insgesamt ca. 14 Tomaten
- 1 Knoblauchzehe, klein gewürfelt
- 1 EL Olivenöl
- 1 TL Akazieblütenhonig
- 1 Prise grobes Meersalz
- 1 Prise schwarzer Pfeffer
- 4 Thymianzweiglein

Tomatenzweige in eine feuerfeste Form geben, mit Knoblauch, Olivenöl, Akazienhonig, Meersalz und Pfeffer marinieren, Thymianzweiglein darauflegen. Im Ofen bei 85 °C 6 Stunden schmoren lassen.

GAZPACHO

- 2 Tomaten
- 1 Salatgurke
- ½ grüne Peperoni
- 1 kleine Knoblauchzehe
- 2 EL Sherryessig
- 2 dl Olivenöl
- Salz, Pfeffer

Stiel der Tomaten ausstechen, Tomaten klein schneiden. Gurke in Stücke schneiden. Peperoni entkernen und in Stücke schneiden. Gemüse und Knoblauch fein pürieren. Mit Sherryessig, Olivenöl, Salz und Pfeffer abschmecken. Gazpacho im Mixbecher im Kühlschrank 3 Stunden durchkühlen lassen.

FEIGENCHUTNEY

- 20 frische Feigen
- ½ Tasse Cassissirup
- 3 Espressotassen Rotwein
- 6 EL Aceto Balsamico
- ½ Tasse Rohrohrzucker
- 3½ EL Dijonsenf
- Salz, Pfeffer

Stielansatz bei den Feigen abschneiden. Früchte längs vierteln oder achteln. Sirup, Rotwein, Balsamico, Zucker und Dijonsenf in einer Pfanne glatt rühren, Feigen zugeben, erhitzen, mit ein wenig Salz und Pfeffer würzen. Das Chutney unter zeitweiligem Rühren 50 Minuten köcheln lassen. Chutney in vorgewärmte Gläser mit Schraubverschluss füllen, sofort verschliessen.

INGWERDRESSING

- 1 daumengrosses Stück Ingwer
- 2 EL Mayonnaise
- ½ Knoblauchzehe
- 1 Zitrone, Saft
- 1 TL Honig
- 1 TL Apfelbalsam
- 2 g Wasabipaste
- 1 EL Sojasauce

Ingwer schälen und zerkleinern. Alle Zutaten mixen.

HIMBEERDRESSING

- 200 g Himbeeren, evtl. tiefgekühlte
- 2½ dl Balsamico
- 1 EL Senf
- 3 Minzezweiglein
- 2 Knoblauchzehen, leicht geröstet
- 1 EL Puderzucker
- Salz, Pfeffer
- ½ l Olivenöl

Himbeeren, Balsamico, Senf, abgezupfte Minzeblättchen, Knoblauch und Puderzucker fein mixen, mit Salz und Pfeffer würzen, Olivenöl in einem dünnen Strahl (das ist wichtig, damit die Sauce gut bindet) unterrühren.

NEW YORK DELI STYLE MUSTARD

- 250 g gelbes Senfmehl
- 1 Msp Kurkuma
- 25 g Salz
- 100 g Zucker oder 5 EL Honig
- 150 g Weissweinessig
- 200 g Wasser

Senfmehl, Kurkuma, Salz und Zucker mischen. Weissweinessig und Wasser aufkochen und unter das Senfmehl rühren. Die Konsistenz der Senfpaste bestimmt man selbst, indem man mehr oder weniger Flüssigkeit zugibt.

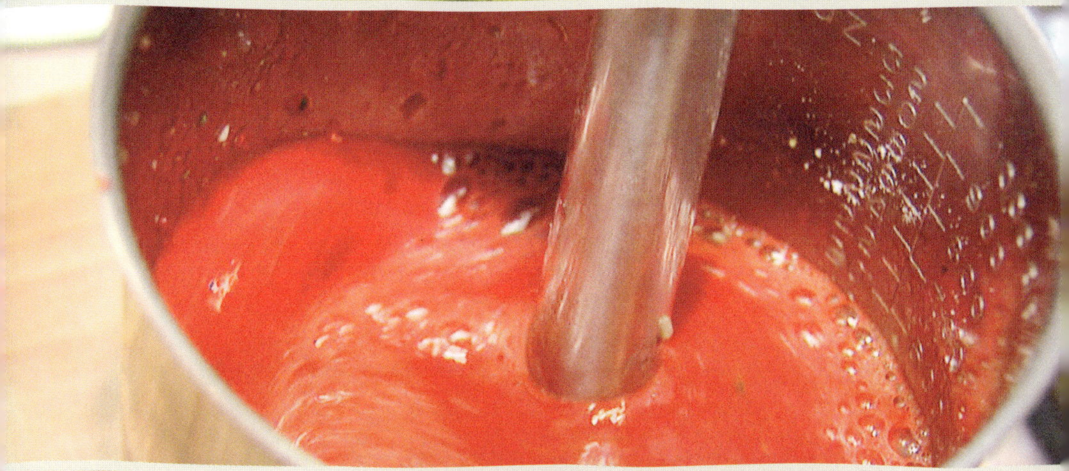

SCHMORGEMÜSE IM BACKPAPIER

- 1 Fenchel, geviertelt
- 1 ganzer junger Knoblauch
- 4 Frühlingszwiebeln ohne Grün
- 3 Artischocken, küchenfertig
- 1 rote Chilischote
- 4 Thymianzweiglein
- 1 Zitrone, Zesten
- Meersalz oder Fleur de Sel
- 1 EL Olivenöl

Gemüse, Chili, Thymian und Zitronenresten auf ein doppellagiges, quadratisches Backpapier von 50 cm Länge geben, mit Meersalz und Olivenöl marinieren. Backpapier falten, Enden mit einer Bostitchklammer fixieren. Im Ofen bei 200 °C 15 Minuten schmoren.

RELISH

- 1 rote Peperoni
- 10 Schalotten, geviertelt
- 1 Apfel
- 1 Birne
- 2 EL Meersalz
- 2 Knoblauchzehen, gehackt
- 15 Chilischoten, aufgeschnitten, entkernt, in Streifchen
- 2 dl Weissweinessig
- 140 g Kandiszucker
- 140 g Zucker
- 5 TL getrockneter Thymian
- 2 TL Cayennepfeffer
- 3 TL Szechuanpfeffer

Peperoni halbieren, Stiel, Kerne und weisse Rippen entfernen, Schotenhälften in Würfelchen schneiden. Birne und Apfel auf der Röstiraffel reiben.
Alle Zutaten in einen Topf geben und aufkochen. Das Relish bei schwacher Hitze 45 Minuten köcheln lassen. Grob pürieren.

MAYONNAISE IM EINMACHGLAS

- 1 Ei
- 1 Knoblauchzehe, zerkleinert
- 2 dl Olivenöl
- 1 Zitrone, Saft
- 1 EL fein geschnittener Schnittlauch
- 100 g Hüttenkäse

Ei und Knoblauch sämig mixen, das Olivenöl im feinen Strahl zugeben, mit Zitronensaft und Schnittlauch abschmecken. Zum Schluss Hüttenkäse unterrühren.

AIOLI

- 200 g Mayonnaise
- 50 g Sauerrahm
- 50 g Naturjoghurt
- 1 EL Olivenöl
- 1 Knoblauchzehe, durchgepresst
- etwas Zitronensaft
- Salz, Pfeffer

Alle Zutaten in einem Becher glatt rühren. Sauce zugedeckt 2 Stunden im Kühlschrank kalt stellen.

Knoblauch

SWEET-CHILI-SAUCE

- 5 rote Chilischoten
- 1 TL Meersalz
- 1 dl Essig
- 1 dl Wasser
- 130 g Zucker
- 5 Knoblauchzehen
- 5 wenig Öl

Chilischoten aufschneiden, Kerne und weisse Rippen entfernen, die Schotenhälften fein würfeln, im Mörser mit dem Meesalz verstampfen. Essig, Wasser und Zucker sirupartig einkochen. Fein gewürfelte Knoblauchzehen mit Chili im Öl kurz dünsten, zum Sirup geben. Heisse Chilisauce in ein Glas mit Schraubverschluss füllen.

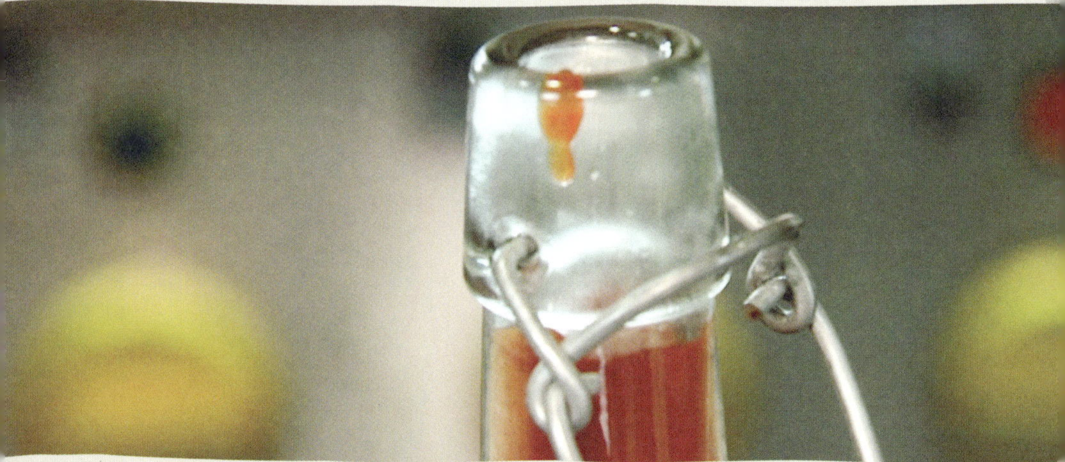

HOT KETCHUP

- 4 Tomaten
- 2 rote Peperoni
- 3 rote Zwiebeln
- 4 Knoblauchzehen
- 6 schwarze Pfefferkörner
- 1 Zimtstange
- 1 Sternanis
- 3 mittelgrosse Chilischoten, aufgeschnitten, entkernt, in Streifchen
- Salz
- 2 EL Tomatenmark
- 5 EL Sherryessig
- 50 g Rohrohrzucker
- 2 TL Maizena

Stielansatz der Tomaten ausstechen, Tomaten zerkleinern. Peperoni halbieren, Stiel, Kerne sowie weisse Rippen entfernen, Schotenhälften in Stücke schneiden. Zwiebeln vierteln. Tomaten, Peperoni, Zwiebeln und Knoblauch fein pürieren. Püree mit Pfefferkörnern, Zimt und Sternanis bei schwacher Hitze 20 Minuten köcheln lassen. Durch ein Sieb passieren. Zurück in die Pfanne geben, restliche Zutaten (ohne Maizena) zugeben, 15 Minuten köcheln lassen. Gut rühren! Ketchup mit dem Maizena binden. Heiss in vorgewärmte Flaschen füllen. Sofort verschliessen.

BASILIKUMBUTTER

- 200 g weiche Butter
- 1 Knoblauchzehe, durchgepresst
- 2 Sardellenfilets, fein gehackt
- 1 Schalotte, klein gewürfelt
- 50 g Basilikum, Blättchen abgezupft und fein geschnitten
- 1 EL Senf
- 1 Zitrone, Saft
- 1 TL Orangensaft
- 2–3 Spritzer Tabascosauce
- 1 Msp Paprika
- 1 Spritzer Worcestersauce
- 1 Schuss Cognac
- 1 Eigelb
- Salz, Pfeffer

Butter luftig aufschlagen. Alle Zutaten unterrühren, mit Salz und Pfeffer abrunden. Basilikumbutter auf eine Folie geben, zu einer Wurst einrollen, im Kühlschrank fest werden lassen.

Basilikum

SPINATDIP

- 2 EL Olivenöl
- 10 Schalotten, grob gewürfelt
- 5 Knoblauchzehen, gewürfelt
- 500 g Spinat
- 2 dl Prosecco
- 2 EL Ricotta
- Salz, Pfeffer, Olivenöl

Schalotten, Knoblauch und Spinat im Olivenöl andünsten, mit Prosecco ablöschen, die Flüssigkeit fast vollständig einkochen lassen, mit Ricotta fein pürieren. Mit Salz, Pfeffer und etwas Olivenöl abschmecken.

TOMATENVINAIGRETTE

- Tomaten
- Sherryessig
- Olivenöl
- Knoblauchzehe, fein gewürfelt
- Zwiebel, fein gewürfelt
- Salz, Pfeffer

Tomaten an der Spitze übers Kreuz einschneiden, im Schaumlöffel in kochendes Wasser tauchen, bis sich die Haut löst, kalt abschrecken. Die Haut abziehen, Stielansatz ausstechen, Tomaten vierteln, entkernen. Tomatenfleisch würfeln. Aus Sherryessig und Olivenöl eine Sauce rühren. Übrige Zutaten zugeben, mit Salz und Pfeffer abschmecken.

GESCHMORTE ANANAS

- 1 Ananas
- 1 Flasche Weisswein Pinot Grigio
- 400 g Zucker
- 30 g Ingwer
- 1 Vanilleschote
- 20 g Zitronengras
- 2 Sternanis
- 3 Passionsfrüchte

Alle Zutaten ohne Ananas aufkochen. Zuckersirup in eine Gratinform giessen. Ananas beidseitig kappen, halbieren und schälen, in die Form legen. Im vorgeheizten Ofen bei 180 °C zugedeckt weich schmoren. Ananas auskühlen lassen und in feine Scheiben schneiden.

CURRYLINSEN

- 1TL Olivenöl
- 50g Speckwürfelchen
- 150g rote Linsen
- 2EL Noilly Prat
- 1TL milder Curry
- 1TL scharfer Curry
- 2 Orangen, Saft
- 1dl Gemüse- oder Hühnerbouillon
- 1EL fein geschnittener Schnittlauch
- 1EL Mascarpone

Speck im Olivenöl anziehen, Linsen und Curry zugeben und mitdünsten. Mit Noilly Prat, Orangensaft und Bouillon ablöschen, erhitzen. Linsen auf der ausgeschalteten Herdplatte quellen lassen und einmal kräftig durchkochen. Schnittlauch und Mascarpone unterrühren.

MAROKKANISCHES BROT

- 60g Hefe
- 1¼dl lauwarmes Wasser
- 2½dl lauwarmes Wasser
- 1¼dl lauwarme Milch
- 1½EL Salz
- 500g Weissmehl
- 200g Vollkornmehl
- 2EL Maisgriess
- 1TL geröstete Sesamsamen
- 1TL Anissamen

Hefe im Wasser (1¼dl) auflösen. Restliches Wasser und Milch unterrühren. Trockene Zutaten in einer Schüssel mischen und eine Vertiefung drücken. Flüssigkeit hineingiessen, von der Mitte aus einen Teig rühren. Hefeteig gut kneten, bis er elastisch und geschmeidig ist. Bei Zimmertemperatur zugedeckt auf doppeltes Volumen aufgehen lassen. Teig in eine eingefettete flache Form drücken. Den Fladen im vorgeheizten Ofen bei 220 °C 20 Minuten backen.

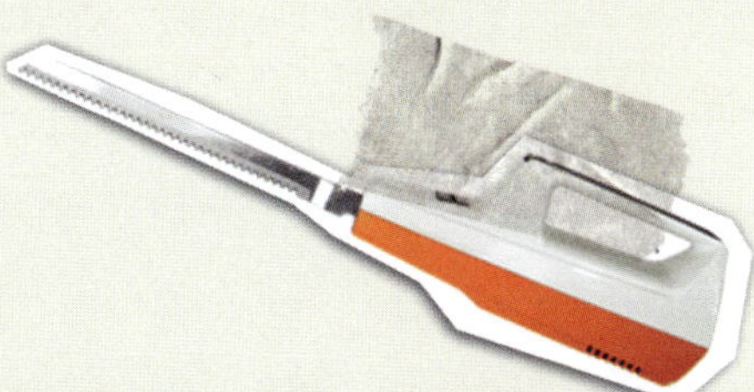

MINZEWÜRFEL

- 5 Bund Minze
- etwas Zitronensaft
- 3 dl Wasser

Minzeblättchen von den Stielen zupfen. Mit Zitronensaft und Wasser aufkochen, 10 Minuten ziehen lassen. Abseihen. Minzesaft in eine Eiswürfelform füllen, mit einem Minzeblättchen belegen, gefrieren lassen.

SALZMANDELN

- 500 g Mandeln, geschält
- 1 Eiweiss
- 1 TL Cayennepfeffer
- 1 TL Rohrohrzucker
- einige Tropfen Wasser

Eiweiss verquirlen, mit Mandeln mischen, mit Cayennepfeffer, Rohrohrzucker und Salz würzen. Einige Tropfen Wasser beigeben. Mandeln auf ein Backblech verteilen. Im vorgeheizten Ofen bei 180 °C backen, bis die Salzmandeln knusprig sind. Ab und zu mit einer Gabel immer wieder bewegen.

BIRNENCHUTNEY

- 6 Birnen
- 1 Apfel
- 1 Spross Stangensellerie
- 1 Zwiebel, klein gewürfelt
- 8 EL Rohrohrzucker
- ½ Tasse heller Portwein
- 6 EL weisser Balsamico
- etwas Muskatnuss
- 50 g gehackte Baumnüsse

Birnen und Apfel schälen, vierteln, entkernen und in Würfelchen schneiden. Kraut des Stangenselleries entfernen und Stange in Würfelchen schneiden.
Zutaten ohne Nüsse aufkochen, Chutney bei schwacher Hitze etwa 50 Minuten köcheln lassen, ab und zu rühren. Dickflüssigem Chutney zum Schluss noch einige fein geschnittene Stangenselleriebätter und die Nüsse beigeben.

THYMIANHONIG

- 5 EL Honig
- 1 Bund Thymian
- 2 EL Sherry

Honig und ganze Thymianzweiglein bei schwacher Hitze erwärmen, mit Sherry abschmecken.
Tipp: Der Honig passt wunderbar zu Ziegenfrischkäse. Käslein vor dem Servieren mit dem warmen Thymianhonig beträufeln .

COLE-SLAW SALAT

- 300 g Weisskabis, ohne Strunk
- 200 g Rotkabis, ohne Strunk
- 200 g Karotten, geschält
- 4 Essiggurken
- 2 mittelgrosse Zwiebeln
- 150 g Mayonnaise
- 4 EL Essiggurkenwasser
- 1 EL weisser Balsamico
- 1 EL Zucker
- Salz, Pfeffer

Gemüse in feine Streifen schneiden. Zutaten in einer Schüssel gut mischen. Zugedeckt 2 Stunden in den Kühlschrank stellen.

PICKLED GARLIC

- 6 Knoblauchknollen, in die einzelnen Zehen zerlegt
- 3 dl Weissweinessig, gute Qualität
- 100 g Zucker
- 1 EL Chiliflocken oder 1 kleine Chilischote, entkernt, klein gewürfelt

Knoblauch mit Schale in reichlich Wasser aufkochen, Topf vom Herd nehmen, zugedeckt 3 Minuten stehen lassen. Knoblauch abgiessen, in kaltem Wasser auskühlen lassen. Knoblauchzehen schälen, je nach Grösse längs halbieren. Essig, Zucker sowie Chiliflocken aufkochen, Knoblauchzehen zugeben und bei schwacher Hitze 3 Minuten köcheln lassen. Heiss in vorgewärmte Vorratsgläser füllen, sofort verschliessen.

Munder Safran****

heutiges Rezept:

MUNDER

SAFRANSUPPE

Safranmuseum

DIE GEHEIMNISVOLLEN ROTEN FÄDEN AUS MUND (VS)

BEI LEO ALBERT IN MUND ERFAHRE ICH EINE MENGE ÜBER DAS KOSTBARE GEWÜRZ «SAFRAN». IN DER SCHWEIZ WÄCHST NUR HIER IM WALLIS AUF DEN WENIGEN KLEINEN SAFRANFELDERN DER MUNDER BAUERN DIE SELTENE PFLANZE.

Safran gilt als das goldene Gewürz schlechthin. In der Schweiz wächst Safran nur an einem einzigen Ort, nämlich in Mund oberhalb von Brig im Wallis. Mitten im Dorf steht ein Mini-Museum, in dem einige der Geheimnisse rund um diese Pflanze erklärt werden. Safran ist in der Tat geheimnisvoll, man sagt auch, es sei eine «launische» Pflanze. Weshalb genau sie gut gedeiht oder eben nicht, ist wissenschaftlich nicht richtig erklärbar. In Mund scheinen die klimatischen Bedingungen auf alle Fälle zu stimmen. Aber auch hier schwanken die Erträge stark. 2001 zum Beispiel konnten rund 4 Kilogramm Safran geerntet werden, 2002 war es nur ein Kilogramm und niemand weiss, weshalb. Die Witterungsverhältnisse waren in den beiden Jahren fast gleich.

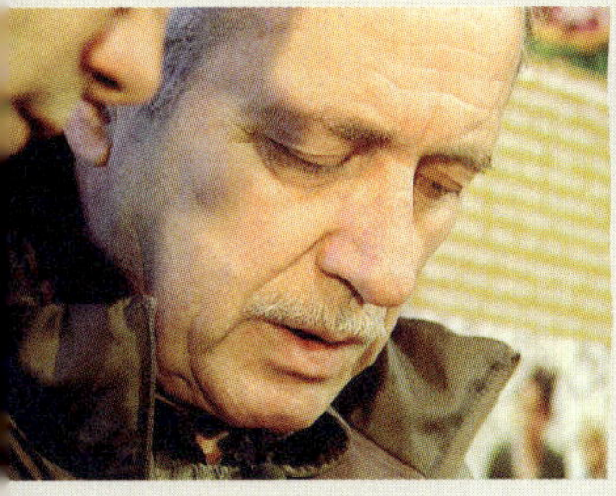

EIN DORF PFLEGT DIE TRADITION

In Mund gibt es ungefähr 60 Safranbauern. Leo Albert ist einer von ihnen. Er betreibt den Safrananbau zwar als Teilzeitbauer, aber mit doppelter Leidenschaft. Obwohl Safran im Handel viel kostet, verdienen sich die Munder Bauern keine goldene Nase. Die Kultivierung ist aufwändig, meist gibt es nur kleine Mengen zu ernten. Safran aus Mund ist normalerweise gar nicht auf dem Markt erhältlich, weil alles unter der Hand weggeht.

Leo engagiert sich wie viele andere für das Kulturgut, das man heute in allen Ehren hält. Das war nicht immer so. Ende der 1970er-Jahre, so erzählt mir Leo, wäre die Safrantradition fast ausgestorben. Sogar die damals neue Zufahrtsstrasse nach Mund legte man in der Mobilitäts-Euphorie mitten durch die besten Safranäcker. Würde die Strasse heute gebaut, wäre der Verlauf ein anderer, dessen ist sich Leo Albert sicher.

BLÜTENPRACHT AUF ZEIT

Safran und Roggen wachsen in Mund in Doppelkultur. Die Safranzwiebeln spriessen mitten in den noch niedrigen Roggenfeldern, und dies zu einer Zeit, in der sonst fast nichts wächst: Ende Oktober und Anfang November. In den restlichen elf Monaten ist vom Safran nichts zu sehen. Die Blüten wachsen über Nacht, im Laufe des Tages öffnen sie mit der Sonne ihre Kelche. Die eigentlichen Gewürzfäden sind die drei Narben in der Mitte der Blüte. Leo und seine Frau Eliane nehmen mich mit auf den Acker und wir lassen uns überraschen, wie viele Blüten an diesem Tag aus der Erde gucken. Langsam begreife ich, welche Arbeit hinter diesem grossartigen Gewürz steht: Für ein Gramm Safran braucht es rund 130 Blüten.

HANDARBEIT «EN FAMILLE»

Zuhause, am Küchentisch von Leo und Eliane, zupfen wir die Fäden aus den Blüten. Dies ist der gesellschaftliche Aspekt der Safrankultur, den die Munder so lieben. Man sitzt beisammen, um die Handarbeit zu erledigen, hat Zeit zum Plaudern, Trinken und Essen. Wenn viele Blüten im Körbchen liegen, dann wird die halbe Verwandtschaft aufgeboten, um zu helfen, denn die gepflückten Blüten sollten nicht allzu lange liegen bleiben. Die roten Fäden werden anschliessend an der Luft getrocknet.

Rezept für 4 Personen

MUNDER SAFRANSUPPE

SUPPE

- 100 g Butter
- ½ mittelgrosser Knollensellerie, geschält, in Streifen
- 1 Lauch ohne Grün, längs geviertelt, in Streifen
- 300 g Schalotten, fein gewürfelt
- 2 Knoblauchzehen, fein gewürfelt
- 3 dl Hühnerbouillon
- Meersalz
- 2 dl Rahm
- 1 TL Safranfäden
- 1 dl Weisswein, 1 dl Rahm

KARAMELLISIERTER SPECK

- 50 g Zucker
- 200 geräucherter Speck, gewürfelt
- 1 Knoblauchzehe
- Weisswein, weisser Balsamico

- etwas grob geriebener Bergkäse
- schwarzer Peffer

Sellerie, Lauch, Schalotten und Knoblauch in der Butter andünsten, bis das Gemüse glasig ist. Mit der Bouillon ablöschen, salzen, köcheln lassen, bis das Gemüse weich ist.

Für den Speck Zucker in einer Pfanne flüssig werden lassen, Speck und Knoblauch zugeben und karamellisieren. Mit Weisswein und Balsamico ablöschen.

Safranfäden in einem Pfännchen im Weisswein etwa 10 Minuten einweichen. Erwärmen und am Siedepunkt köcheln lassen. Rahm zugeben.

Suppe pürieren, Safranmischung beigeben und kurz mitkochen.

Karamellisierte Speckwürfelchen auf tiefe Teller verteilen, Safransuppe dazugiessen, mit grob geriebenem Bergkäse und schwarzem Pfeffer garnieren.

Maltesers
maltesers

heutiges Rezept:

SPORTLERMÜESLI

MIT SMOOTHIE

KOCHEINSATZ IN DER BOXENGASSE

ANLÄSSLICH EINES FAHRTRAININGS VON AMG STEIGE ICH IN DEN RENNANZUG, DER HEUTE AUCH ALS KOCHSCHÜRZE DIENT. ZUSAMMEN MIT RENNFAHRER BERND SCHNEIDER ERLEBE ICH MEINE ABENTEUERLICHSTE AUTOFAHRT UND EINEN UNÜBLICHEN KOCHEINSATZ IN DER BOXENGASSE.

Klar – in einem richtig schnellen Auto über die Rennbahn zu fräsen, davon habe ich schon als kleiner Bub geträumt. In den Kurven würde ich dann so richtig aussen rumschmieren und auf der Geraden wieder tüchtig beschleunigen, genau wie auf der Carrerabahn. Spätestens seit dem Fahrtraining mit AMG, der Tuning-Linie von Mercedes Benz, ist mir aber klar, dass mein Weg zum Rennfahrer noch weit ist. Unter der Aufsicht von Instruktoren fahren wir auf dem Sachsenring in Deutschland verschiedene Übungen. Es gibt Lenkslaloms und Bremsmanöver, wo ich erst einmal ganz schlecht abschneide. Beim ersten Versuch lautet der Kommentar des Instruktors: «He, Moment mal! Das war jetzt so locker hingerollt wie bei einer Ampel!» … Okay – ich trete die Klötze, bis die Reifen quietschen. Ziel ist, dass die Räder am Abend gewechselt werden müssen. Das wiederum ist ganz nach meinem Gusto: Inmitten dieser Motoren bin ich im siebten Himmel und dass ich hier auch noch kochen kann, macht mich besonders glücklich.

MEKKA DER MOTORSPORTFREUNDE

Der Sachsenring ist eine Rennbahn mit einer im wahrsten Sinne bewegten Geschichte. Seit gut 80 Jahren werden hier Rennen gefahren. Der alte Rundkurs war an Dramatik wohl nicht zu überbieten. Er führte mitten durch das Dorf Hohenstein-Ernstthal, was den Leuten aber anscheinend gefiel. Über viele Jahre besuchten jeweils Hunderttausende die Rennen, es gab Motorrad-Weltmeisterschaften, bis es der DDR-Regierung zu bunt wurde. Sie verbot die Teilnahme von Westlern, fortan röhrten auf dem Sachsenring also Ost-Motoren und Ost-Piloten, bis die Strecke in den 1990er-Jahren erneuert und verbessert wurde. Seit vielen Jahren finden wieder regelmässig Rennen für Motorräder und Autos statt.

STOP

DIE AUTOFAHRT MEINES LEBENS

Bernd Schneider kennt die Strecke am Sachsenring wie kein Zweiter. Fünf Mal hat er die Deutsche Tourenwagen-Meisterschaft gewonnen und ist damit der erfolgreichste DTM-Fahrer überhaupt. Heute arbeitet Bernd als Instruktor und Testfahrer für AMG und hilft bei der Entwicklung der neuen Fahrzeuge. Bevor ich mit ihm in der Boxengasse ein Sportlermüesli zubereite, nimmt mich Bernd mit auf eine Taxifahrt. Etwas mulmig wird mir schon, als wir ins Auto steigen und Bernd sagt: «Jetzt haben wir ja Rennanzüge an, da können wir noch ein bisschen schneller fahren!» Am Schluss der Fahrt ist mir speiübel. Ich bin völlig ausser Atem, aber voller Respekt für das, was ein Autorennfahrer leistet, und für die Performance dieser Fahrzeuge überhaupt. Bernd ist während der Fahrt die Ruhe selbst, obwohl er den Wagen stets an die Grenze fährt. Alles geschieht mit einer Leichtigkeit und einer Perfektion, die mich absolut begeistert. Während es mich in der Gurte hin und her wirft wie eine Gummipuppe, «ping» nach vorne, «päng» wieder nach hinten, wartet Bernd stets bis zum letzten Augenblick, bremst und schaltet zugleich, um dann wieder absolut präzise den nächsten Punkt anzufahren. Daneben erklärt er mir ganz gelassen, was er gerade macht. Bernd, so scheint es mir, beherrscht das Fahrzeug wirklich mit einer traumwandlerischen Sicherheit. Er behält stets die Kontrolle, auch wenn das Auto längst im Grenzbereich läuft.

TURBOMÜESLI AUS DER BOXENGASSE

Zwischen aufgetürmten Autoreifen beginnen wir später in der Boxengasse zu kochen. Zwar bin ich von unserer Fahrt noch ziemlich ausser Atem, deshalb überlasse ich die Handarbeit gerne meinem Küchenmixer. Aus teilweise überreifen und sehr schmackhaften Früchten mixen wir uns einen erfrischenden Drink. Bevor die Früchte in den Mixer kommen, lassen wir sie leicht anfrieren, so bekommt man gleich einen richtig kühlen Drink. Dazu gibt es ein Sportlermüesli, welches wir mit karamellisierten Nüssen und zerdrückten Maltesers anreichern, damit es schön knusprig wird. Die Mechaniker aus der Boxengasse sind die Ersten, die unsere Rennfahrer-Mahlzeit probieren. Später verpflegen wir auch die anderen Instruktoren und Trainingsfahrer.

Der Karamell-Trick:

Zucker mit wenig Wasser karamellisieren. So brennt er nicht an!

Milch

73

HYACK
73
INDIANS
Milch

Pulse

Pulse

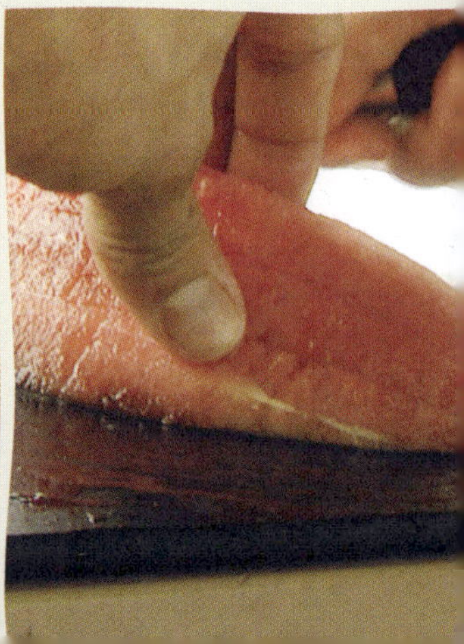

Rezept für 4 Personen

SPORTLERMÜESLI MIT SMOOTHIE

SMOOTHIE

- 2½ dl Milch oder Mineralwasser
- Erdbeeren
- Bananen
- Ananas
- Wassermelone
- Minzesirup, Seite 115

SPORTLERMÜESLI

- 80 g Haselnüsse
- 100 g Zucker
- 2 EL Wasser
- 1 Handvoll Haferflocken
- 1 Handvoll Cornflakes
- 1 kleiner Beutel Maltesers, zerstossen
- 1 Banane
- 2 Äpfel
- 1 Pfirsich oder eine andere Saisonfrucht
- 1 Becher Naturjoghurt (180 g)
- 4 EL Honig
- 1 Zitrone, Saft
- 4 Handvoll Beeren, z. B. Erdbeeeren, Himbeeren, Blaubeeren/Heidelbeeren, Brombeeren
- 2 Äpfel, in Stäbchen

Für den Smoothie vollreife Früchte (leicht braunes Fruchtfleisch kann verwendet werden) in daumendicke Würfel schneiden, auf mit Backpapier belegtem Blech lose gefrieren lassen, wenn möglich 24 Stunden. Milch oder Mineralwasser in das Mixerglas geben. Gefrorene Früchte nach und nach beifügen und immer wieder stossartig mixen. Für die gewünschte Konsistenz mehr Flüssigkeit zugeben. Nach Belieben mit Minzesirup abschmecken.

Haselnüsse in einer beschichteten Pfanne leicht rösten. Auf ein mit Backpapier belegtes Blech verteilen. Zucker mit Wasser in Haselnusspfanne hellbraun karamellisieren, über die Haselnüsse giessen. Auskühlen lassen. In einen Beutel füllen und Crunches klopfen.
Banane, Äpfel und Pfirsich klein schneiden, mit Joghurt, Honig und Zitronensaft mixen, eventuell mit Milch verdünnen. Beeren und Äpfel unterrühren.
Haferflocken, Cornflakes, Maltesers und ein Drittel der karamellisierten Haselnüsse mischen, auf 4 Schalen verteilen. Müesli daraufgeben. Mit den restlichen Haselnüssen garnieren.

Schneider
Arai
auto motor sport
Mobil 1

56
AMG

Salat ****

heutiges Rezept:

CAESAR SALAD

MIT CRISPY SHRIMPS & CUACAMOLE-TOSTADAS

KOCHSESSION MIT DER JAZZLEGENDE

HEUTE BIN ICH ZU BESUCH BEI CLAUDE NOBS, DEM GRÜNDER DES MONTREUX JAZZ FESTIVALS. CLAUDES BEGEISTERUNG FÜR DIE MUSIK KLINGT AUCH IN DER KÜCHE MIT. VIELLEICHT DESHALB GELINGT UNSER CAESAR SALAD BESONDERS GUT.

Wenn der Dampfer draussen auf dem Genfersee gegen elf Uhr morgens zweimal hupt, darf man ein erstes Glas Weisswein erheben, ohne dabei ein schlechtes Gewissen zu haben. So will es der Brauch in Crebelley. Der Gemüsehändler Claude-Alain Stettler besteht auf Traditionen, und so lädt er mich nach dem Einkauf gleich zum Apéro ein. Das haut mich vollends aus den Socken – schon der Hofladen der Stettlers hat das Zeug für einen Knüller, denn hier ist Gemüse noch Gemüse: frisch und direkt vom Feld.

4.50 kg

EIN STÜCK MUSIKGESCHICHTE

Mit Claude Nobs zu kochen, ist ein wahres Vergnügen. Erstens weiss er, wovon er spricht – Claude machte ursprünglich nämlich eine Kochlehre –, zweitens kocht er sehr gerne und ist Gastgeber mit Herz und Seele. Seit der Gründung des Montreux Jazz Festivals sind Hunderte von Musikern im Chalet des Festival-Leiters zu Besuch gewesen. Das Haus in Caux oberhalb Montreux ist eine Art bewohntes Museum. Hier erlebt man ein Stück Musikgeschichte in Instrumenten, Fotos, Plakaten, persönlichen Widmungen und Kunstgegenständen.

In der Küche ehrt Claude die Tricks der alten Schule, etwa diesen: Beim Teilen von Eiern streift man das Eiweiss mit dem Daumen aus der Schale. Bei einigen Dutzend Eiern ergibt das ein zusätzliches Eiweiss.

QUINCY JONES' MIXER

Mein absolutes Lieblingsstück aus Claude Nobs' Küche ist (wen wunderts!) der Mixer von Quincy Jones, dem legendären amerikanischen Musiker und Produzenten. Claude holt das Gerät mit einem schelmischen Lächeln hervor, als es ums Mixen unserer Salatsauce geht. Ich verstehe bald, weshalb, denn das Ding ist ein Hightech-Mixer mit der Motorenleistung eines kleineren Propellerflugzeugs. Die Sauce wird in Windeseile dicker als uns lieb ist. Dafür haben wir viel Spass. Dass ein Mixer als Geschenk in der Musikwelt taugt, hätte ich mir nie träumen lassen. Claudes Haus ist ohnehin voll von speziellen Gegenständen, zum Teil Erinnerungsstücke an Besucher, zum Teil Sammelobjekte. «Funky Claude» sammelt nämlich eine Menge lustiger Sachen, zum Beispiel Jukeboxes, Modelleisenbahnen und natürlich Schallplatten.

CAESAR SALAD MIT CRISPY SHRIMPS & GUACAMOLE-TOSTADAS

DRESSING

- 2 Eigelbe
- 2 Sardellenfilets, gehackt
- 1 Knoblauchzehe, klein gewürfelt
- 1 TL Dijonsenf
- 1 Zitrone, Saft
- einige Spritzer Tabascosauce
- 1 EL Worcestersauce
- 30 g geriebener Sbrinz
- 1 Prise Zucker
- 2½ dl Sonnenblumenöl
- Salz, Pfeffer
- Gemüsebouillon

- 1 Eisbergsalat

CRISPY SHRIMPS

- 8 Black-Tiger-Krevetten
- Fleur de Sel, Olivenöl
- 1 Zitrone, Saft
- wenig glattblättrige Petersilie
- 1 Knoblauchzehe
- 5 Blätter Frühlingsrollenteig
- ca. 1 l Frittieröl

GUACAMOLE-TOSTADAS

- 2 reife Avocados
- 2 mittelgrosse Tomaten
- 1 Knoblauchzehe, 1 kleine Zwiebel, beide klein gewürfelt
- 1 Handvoll glattblättrige Petersilie
- 1 grüne Chilischote
- ½ Limette, Saft
- Fleur de Sel
- 100 g Brie, in feinen Scheiben
- 1 Baguette

Für das Dressing Zutaten bis und mit Zucker zu einer homogenen Masse mixen. Öl im dünnen Strahl unterrühren. Mit Bouillon zur gewünschten Konsistenz verdünnen, abschmecken.

Krevetten schälen. 15 Minuten in Salz, Olivenöl, Zitronensaft, Petersilie und zerdrücktem Knoblauch marinieren. Frühlingsrollenteig wie Omelettes aufrollen, in feine Streifen schneiden. Krevetten in den Teigstreifen panieren und im heissen Frittieröl bei 180 °C knusprig frittieren.

Avocados halbieren, Stein herauslösen, Fruchtfleisch aus der Schale lösen. Stielansatz bei den Tomaten ausstechen, Tomaten klein würfeln. Petersilie von den Stielen zupfen und hacken. Chilischote aufschneiden, Kerne entfernen, Hälften in Würfelchen schneiden. Alle Zutaten in einer Schüssel zu einem Mus verarbeiten. Baguette diagonal in Scheiben schneiden, rösten, wenden, Brie auf die geröstete Seite legen, fertig rösten. 1 EL Guacamole auf den Brie geben.

Eisbergsalat vierteln, auf Teller legen, mit dem Dressing beträufeln, Guacamole-Toast und frittierte Krevetten dazulegen. Sofort servieren.

Rezept für 4 Personen

Rezepte – Teil 3

****

WAADTLÄNDER

SCHWEINSKOTELETT

MIT SENFKARTOFFELN UND APFELCHUTNEY

QUICHE DES ALPES

MIT TRÜFFELBOURSIN UND SPECKCHIPS

WONTONS

AUF CAPONATA

ENTRECÔTE VOM HIRSCH

AUF PILZSALAT

RAGUSA-KÜCHLEIN

MIT CLEMENTINENGRANITÉ

WAADTLÄNDER SCHWEINSKOTELETT MIT SENFKARTOFFELN UND APFELCHUTNEY

Rezept für 6 Personen

APFELCHUTNEY

- 4 EL Weisswein
- 1 EL weisser Balsamico
- ½ Vanilleschote
- ½ Zitrone, Schale und Saft
- 100 g Puderzucker
- 2-3 Äpfel
- 1 Minzezweiglein
- 2 EL Crème fraîche

- 1,2 kg Schweinskotelett, am Stück

SENFKARTOFFELN

- 1 kg gegarte neue Kartoffeln
- Butter
- 2 mittelgrosse Zwiebeln, fein gewürfelt
- 2 EL grobkörniger Senf
- 30 g Bouillonpaste
- 1 dl Noilly Prat
- 2 EL Austernsauce
- etwas Sojasauce
- 1 Handvoll glattblättrige Petersilie
- 1 EL Crème fraîche

Für das Chutney Weisswein und Balsamico erhitzen. Aufgeschnittene Vanilleschote, Schale und Saft der Zitrone zugeben. Puderzucker unterrühren, zu einem Sirup einkochen lassen. Äpfel vierteln, entkernen, in feine Scheiben schneiden, in die Pfanne geben, etwa 10 Minuten köcheln lassen. Vanilleschote entfernen. Mit fein geschnittener Minze und Crème fraîche verfeinern.

Kotelettseite bei starker Hitze anbraten, Hitze reduzieren, Kotelettseite bei mittlerer Hitze grillen. Vor dem Servieren Knochen entfernen und das Fleisch portionieren.

Kartoffeln halbieren, bei schwacher Hitze in einer Bratpfanne in reichlich Butter goldgelb braten. In einer zweiten Pfanne Zwiebeln in Butter glasig dünsten, Senf und Bouillonpaste unterrühren, mit Noilly Prat ablöschen, ein wenig einkochen lassen. Mit Austern- und wenig Sojasauce abschmecken. Kartoffeln zur Sauce geben, mischen, grob gehackte Petersilie und Crème fraîche zugeben. Sofort servieren.

QUICHE DES ALPES MIT TRÜFFELBOURSIN UND SPECKCHIPS

Rezept für 6 Personen

GERIEBENER TEIG (FÜR EIN BLECH VON 30 CM LÄNGE)

- 250 g Weissmehl
- etwas Salz
- 60 g kalte Butterstückchen
- 1 EL Wasser

Mehl und Salz mischen, mit der Butter krümelig reiben, Wasser zugeben, rasch zu einem Teig zusammenfügen, mindestens 30 Minuten zugedeckt im Kühlschrank ruhen lassen.

FÜLLUNG

- 50 g Butter
- 250 g Lauch
- 250 g Speck
- 250 g Bergkäse, gerieben
- 2 Eier
- 1 dl Milch
- 2 dl Rahm
- 1 EL Mehl
- etwas Salz, Pfeffer, Muskatnuss

Lauch und Speck in Streifen schneiden, in der Butter andünsten, abkühlen lassen. Bergkäse untermischen.
Geriebenen Teig auf Blechgrösse ausrollen, in das mit Backpapier belegte Blech legen. Teig mit einer Gabel einstechen. Lauchmix auf dem Teigboden verteilen. Eier, Milch, Rahm und Mehl verrühren, Guss würzen und über die Füllung giessen.
Quiche im vorgeheizten Ofen bei 220 °C rund 30 Minuten backen.

TRÜFFELBOURSIN

- 200 g Boursin
- etwas Trüffelöl

Boursin in einer Schüssel verstampfen und mit etwas Trüffelöl abschmecken. Kurz vor dem Servieren mit zwei Teelöffeln Klösschen formen, auf der Quiche anrichten.

SPECKCHIPS

- 12 feine Speckscheiben

Speckscheiben auf ein mit Backpapier belegtes Blech legen, mit einem zweiten Blech beschweren. Speckchips 8 Minuten bei 220 °C backen. Vor dem Servieren Fett mit Haushaltpapier abtupfen.

MIGHTY

Rezept für 4 Personen

CAPONATA

- 5 EL Olivenöl
- 2 Zwiebeln
- 2 Knoblauchzehen
- 1 Aubergine
- 1 kleiner Stangensellerie
- je 1 rote und gelbe Peperoni
- 2 kleine Zucchini
- 2 Tomaten
- 1 EL Tomatenpüree
- 1 EL Apfelessig
- 1 dl Rotwein
- ca. 3 dl Wasser
- 2 EL Rohrohrzucker
- Meersalz, Pfeffer, Tabascosauce
- 1 kleines Glas schwarze Oliven
- 4 EL Kapern
- wenig Oregano, fein geschnitten

WONTONS

- 50 g Ricotta
- 3 EL Olivenöl
- 1 EL Zitronensaft
- 1 Knoblauchzehe
- Pfeffer
- 50 g schwarze Oliven
- 50 g getrocknete Tomaten
- 8 Wontonteigblätter
- Eiweiss
- Frittieröl

WONTONS AUF CAPONATA

Aubergine beidseitig kappen, in Würfelchen schneiden, leicht salzen, in einem Sieb 15 Minuten stehen lassen, mit Haushaltpapier trocknen. Zwiebeln und Knoblauch klein würfeln. Sellerie in Stücke schneiden. Peperoni halbieren, Stiel, Kerne und weisse Rippen entfernen, Schotenhälften in Streifen schneiden. Zucchini beidseitig kappen und in dicke Scheiben schneiden. Stielansatz der Tomaten ausstechen, achteln. Öl erhitzen, Zwiebeln und Knoblauch andünsten, Stangensellerie 3 Minuten mitdünsten. Restliches Gemüse beigeben, mit Apfelessig und Rotwein ablöschen und wenig einkochen lassen. Wasser zugeben, würzen, unter gelegentlichem Rühren zirka 5 Minuten kochen lassen. Zum Schluss gequetschte, entsteinten Oliven, Kapern und Oregano beigeben.

Für die Wontons Oliven quetschen, entsteinen und hacken. Tomaten klein würfeln.
Ricotta, Öl und Zitronensaft glatt rühren, Knoblauch dazupressen, mit Pfeffer abrunden.
Oliven und Tomaten zugeben.
Füllung auf die Teigblätter verteilen Ränder mit verquirltem Eiweiss bestreichen, Wontons falten, Teigränder mit Messerrücken zusammendrücken. Taschen im heissen Öl frittieren.

Rezept für 4 Personen

ENTRECÔTE VOM HIRSCH AUF LAUWARMEM PILZSALAT

BIERLACK

- 1dl dunkles Bier
- 3EL Honig
- 2EL Aprikosenkonfitüre
- 1EL Tomatenmark
- 1EL Sherryessig
- wenig Zitronengras, geschält, klein geschnitten

ENTRECÔTE

- 600g Entrecôte vom Hirsch
- Salz
- 100g Kürbiskerne

PILZSALAT

- Butter
- 500g frische Pilze, z.B. Steinpilze, Eierschwämmchen
- Thymian und glattblättrige Petersilie
- ¼ Rotkabis, in Streifchen
- Salz, Balsamico

BAUMNUSSPASTE

- 10 Baumnüsse
- 1½TL Trüffelöl
- 1TL Baumnusslikör oder Quittenschnaps
- 4EL Olivenöl

Zutaten für Bierlack sirupartig einkochen.

Hirschentrecôte salzen, in heissem Öl auf allen Seiten anbraten. Mit dem Bierlack bestreichen, in dem auf 170°C vorgeheizten Ofen 8 Minuten fertig garen lassen. Im ausgeschalteten Ofen 2 Minuten ziehen lassen.

Nüsse grob hacken, mit Trüffelöl und Baumnusslikör im Mörser zerstossen. Baumnusspaste mit Olivenöl in einem Pfännchen bei mittlerer Hitze eindicken lassen.

Kürbiskerne trocken rösten und hacken.

Pilze putzen, je nach Grösse zerkleinern. Thymian und Petersilie von den Stielen zupfen. Pilze mit Kräutern in der Butter 2 bis 3 Minuten dünsten. Salzen, mit etwas Balsamico ablöschen. Ein Teil der Rotkabisstreifen untermischen.

Das Fleisch aus dem Ofen nehmen, in den Kürbiskernen wenden. Hirschentrecôte in Scheiben schneiden, auf dem lauwarmen Pilzsalat anrichten. Mit Baumnusspaste und restlichem Rotkabis garnieren.

Rezept für 4 Personen

RAGUSA-KÜCHLEIN MIT CLEMENTINENGRANITÉ

GRANITÉ

- 2 Zitronen, Saft
- 8 Clementinen oder Mandarinen, Saft
- 200 g Zucker
- 1 Flasche Cava oder Prosecco
- 1 Sternanis
- einige schwarze Pfefferkörner
- 1 Lorbeerblatt
- 1 Vanilleschote, aufgeschnitten
- wenig Zimtstange

RAGUSA-KÜCHLEIN FÜR 12 FÖRMCHEN VON 1½ DL INHALT

- 250 g Ragusa, halb helle/halb dunkle Schokolade
- 200 g Butter
- 5 Eier
- 3 Eigelbe
- 160 g Rohrohrzucker
- 20 g Vanillezucker

- 80 g Weissmehl

Für das Granité alle Zutaten in einem Topf aufkochen. Topfinhalt durch ein Sieb passieren. Flüssigkeit in ein Blech oder in eine grosse Glasplatte (grosse Gefrierfläche) giessen und erkalten lassen. In den Tiefkühler stellen. Die Masse mit einer Gabel immer wieder rühren, damit sich keine grossen Eiskristalle bilden können.

Ragusa und Butter in einer Pfanne schmelzen, Haselnüsse herausfischen, am besten im Kühlschrank erkalten lassen (die Nüsse werden später als Garnitur verwendet). Eier und Eigelbe in die Rührschüssel geben, Zucker und Vanillezucker beifügen, verrühren. Schokolade und Mehl unterrühren. Teig in mit Butter eingefettete Förmchen füllen. Küchlein auf der zweituntersten Schiene in den auf 180 °C vorgeheizten Backofen schieben, 12 bis 14 Minuten backen. Ragusa-Küchlein sobald sie aufspringen aus dem Ofen nehmen. Mit Haselnüssen garnieren. Mit dem Granité anrichten.

whisky

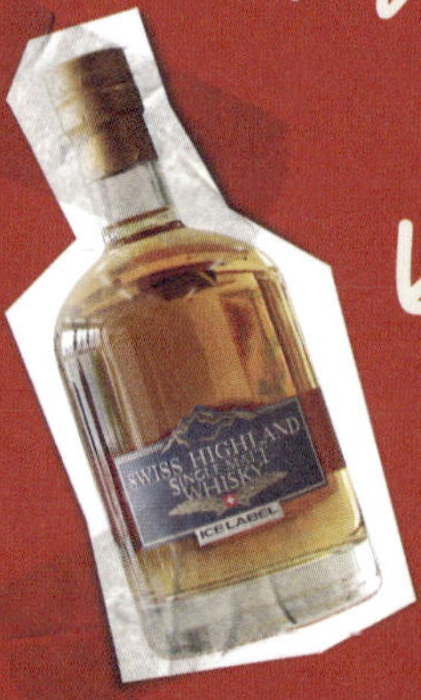

SWISS HIGHLAND
SINGLE MALT
WHISKY
ICE LABEL

heutiges Rezept:

TARTE TATIN MIT **WHISKY**-SAUERRAHMGLACE

DER FLIEGENDE WHISKY

IN EINER EISGROTTE AUF DEM JUNGFRAUJOCH LAGERT EIN WHISKY, DEN ICH UNBEDINGT AUSPROBIEREN MÖCHTE. MEIN FREUND MARTIN BRUNNER BEGLEITET MICH. ALS GOLDSCHMIED HAT ER AUCH DAS NÖTIGE FEINGEFÜHL FÜR DIE TRANSPORTBOX, DIE WIR AUS EIS FERTIGEN MÜSSEN.

Die Jungfrau ist sozusagen die Schirmherrin meines alpinen Gartens. Sie ist so schön und elegant, dass es mich kein bisschen wundert, weshalb die halbe Welt hierher reist, um das Dreigestirn mit Eiger, Mönch und Jungfrau zu bestaunen. Heute besuche ich mit vielen anderen das Jungfraujoch, weil dort oben eine kulinarische Rarität lagert. Auf der Fahrt bleibt einem nur das Staunen. Über die Berge rundherum, über die vielen Gäste, aber auch über die technische Leistung damals beim Bau der Bahn vor 100 Jahren. Gastronomisch gesehen ist das Jungfraujoch ebenfalls eine Herausforderung. Hier oben wollen in verschiedenen Restaurants täglich mehrere Tausend Personen verpflegt sein.

Seit einigen Jahren produziert die Rugenbräu, unsere Bierbrauerei in Interlaken, Whisky. Ein Teil davon, der «Ice Label», lagert im ewigen Eis oben im Jungfraujoch. Rugenbräu-Chef Bruno Hofweber wollte einfach «mal wissen, was passiert», wenn Whisky bei minus 4 Grad auf 3454 Metern über Meer in Fässern reift. Das Resultat lässt sich zeigen: Die limitierte Anzahl Flaschen des Swiss Highland Single Malt Whisky ist gesucht in Liebhaberkreisen und erhält sogar aus Schottland gute Noten.

SWISS HIGHLAND
SINGLE MALT
WHISKY
ICE LABEL

KUNSTVOLLES AUS DEN BERGEN

Martin Brunner könnte ich auch als meinen «Hauskünstler» bezeichnen. Die Fotos und Gemälde, die er macht, passen nämlich prima in mein Restaurant. Er gibt der wilden und rohen Schönheit der Berge eine Sprache. Hauptamtlich ist Martin Goldschmied. Er arbeitet in der Zeitzone 35, einer ehemaligen Metzgerei, die er zum Laden umgebaut hat. Seine Schmuckstücke sind beseelte Objekte – simpel, eigenwillig und einfach schön. Aus den Bergen, in denen Martin bei jeder nur denkbaren Gelegenheit herumkraxelt, schleppt er jeweils alles Mögliche zurück in die Werkstatt: Steine, Schwemmholz, Teile von alten Maschinen, Geweihe, Hörner oder ein rostiges Velo. Daraus werden mit der Zeit Skulpturen oder Möbel. Martin ist nicht nur für künstlerische Belange mein Mass aller Dinge, sondern auch genau der richtige Begleiter für abenteuerliche Missionen.

GEFRIERBOX IM WAHRSTEN SINNE

Martin und ich haben uns lange überlegt, wie wir den Icelabel-Whisky in mein Restaurant bringen, ohne dass er einen Wärmeschock erleidet. Die Lösung ist ein Eisblock, den wir mit dem Pickel zu einer Kältebox umfunktionieren. So «eingepackt» fliegt der Whisky per Helikopter nach Interlaken und wird dort gleich vor meinem Restaurant abgesetzt. Unser Whisky ist für den Piloten ein kleiner Fisch. Der fliegt noch mit ganz anderen Lasten, die er zentimetergenau platzieren muss. Die grösste Herausforderung ist deshalb für uns, die Flasche wieder aus ihrer Verpackung zu befreien, ohne dass sie zerbricht. Das klappt zum Glück und wir können uns ans Kochen machen. Der Whisky gibt unserer Sauerrahmglace ein edles Aroma. Sie passt hervorragend zur Tarte Tatin, einem umgekehrt gebackenen Kuchen. Die Früchte und die Füllung sind unten, der Teig oben: eine raffinierte französische Variante des Apfelkuchens!

RATIONAL

Rezept für 4 Personen

TARTE TATIN MIT WHISKY-SAUERRAHMGLACE

SAUERRAHMGLACE

- 500 g Sauerrahm
- 3 dl Rahm
- 1 Zitrone, Saft
- 150 g Zucker
- 20 ml Single Malt Whisky

TARTE TATIN

- 200 g Zucker
- 4 grosse Äpfel
- 100 g Butter

- 20 g Butter
- 4 Blätterteigrondellen, in der Grösse der Förmchen

- Schokostreusel

Alle Zutaten für die Sauerrahmglace verrühren. In den Tiefkühler stellen und alle 20 Minuten rühren, damit sich keine grossen Eiskristalle bilden können.

Äpfel schälen, vierteln, entkernen, Viertel in Schnitze schneiden. Zucker in einer beschichteten Bratpfanne langsam zu einem gelben Karamell schmelzen. Apfelschnitze zugeben und im Karamell schwenken. Butter zugeben, Sauce bei mittlerer Hitze leicht einkochen lassen.

Vier feuerfeste Portionenformen mit Butter einfetten. Karamellisierte Apfelschnitze fächerförmig in die Formen legen. Mit restlicher Karamellsauce beträufeln. Teigrondellen mit einer Gabel ein paar Mal einstechen, auf die Äpfel legen.
Tarte Tatins im vorgeheizten Ofen bei 200 °C knusprig backen.

Tarte Tatins auf Teller stürzen. Mit einem grossen Esslöffel Whisky-Sauerrahmglace garnieren. Mit Schokostreuseln bestreuen.

Schwarzenburger
Rauchhamme

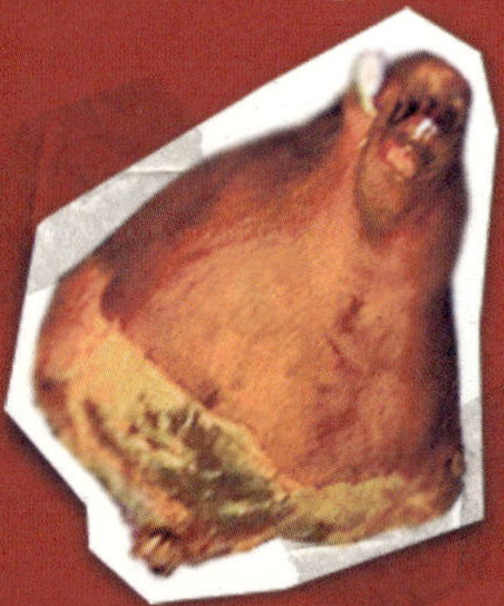

heutiges Rezept:

RAUCHHAMME

MIT GRÖSTEL

METZGEREI AEBISCHER

RAUCHHAMME NACH URGROSSVATERS ART

DEN ZUSAMMENHANG ZWISCHEN EINEM LINDENBAUM UND EINER GUTEN HAMME KONNTE ICH MIR BISLANG NICHT VORSTELLEN. BEI EDUARD AEBISCHER IN SCHWARZENBURG LERNE ICH UNGLAUBLICHE DINGE AUS DEM RÄUCHER-EINMALEINS.

Wenn es um die Wurst geht, weiss Eduard Aebischer, wovon er spricht. Die Metzgerei Aebischer in Schwarzenburg gibt es schon seit 100 Jahren. Hier behandelt man Fleisch mit Bedacht. Edi ist auch ein wandelndes Lexikon. Was er mir über das Räuchern im Küchenrauch eines alten Bauernhauses erzählt, kann man bestimmt in keinem Lehrbuch lesen. Qualität wird bei ihm Schritt für Schritt nachvollziehbar: Von der artgerechten Tierhaltung bis zum Einsalzen des Schinkens muss jeder Puzzlestein stimmen. Am Schluss der Kette steht eine Hamme, die schlicht umwerfend gut ist. Mit solch guten Produkten ist es leicht zu kochen. Denn ihr Eigenaroma ist so ausgeprägt und charaktervoll, dass man als Koch daran gar nichts mehr zu ändern braucht.

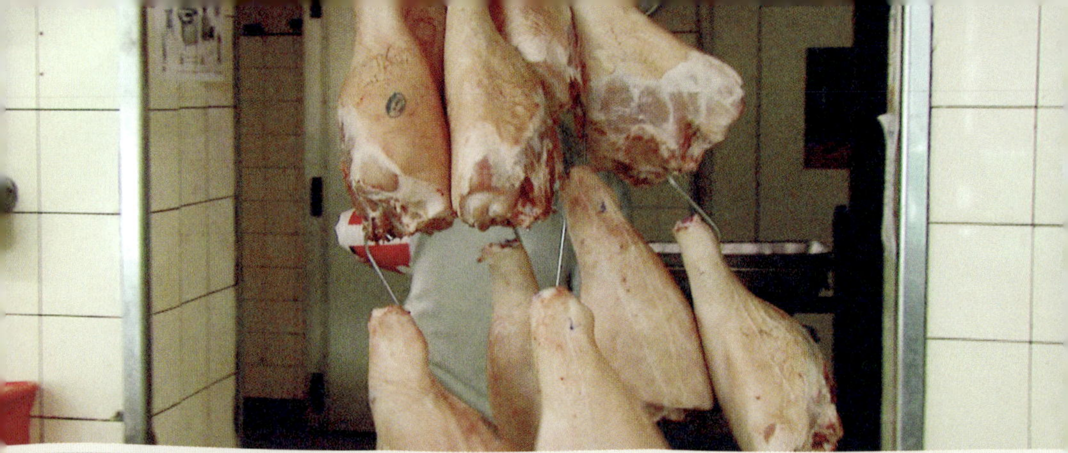

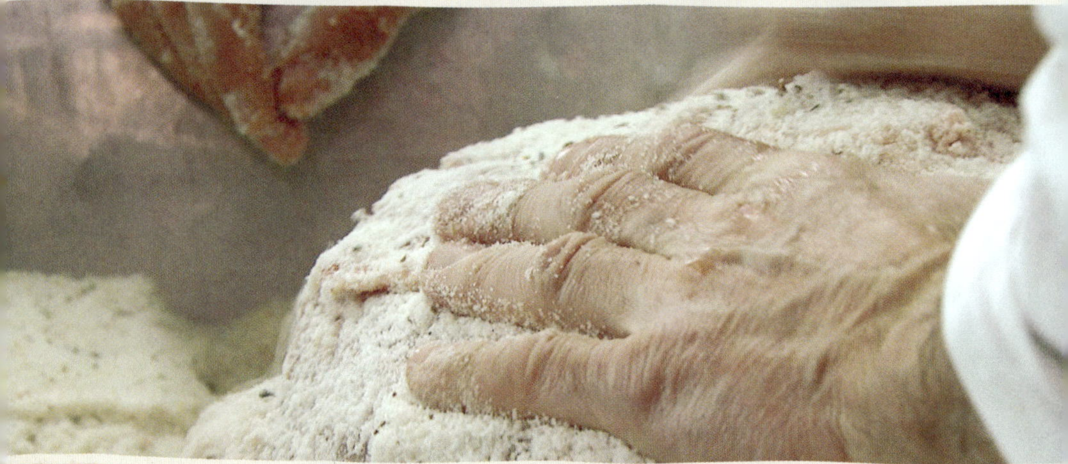

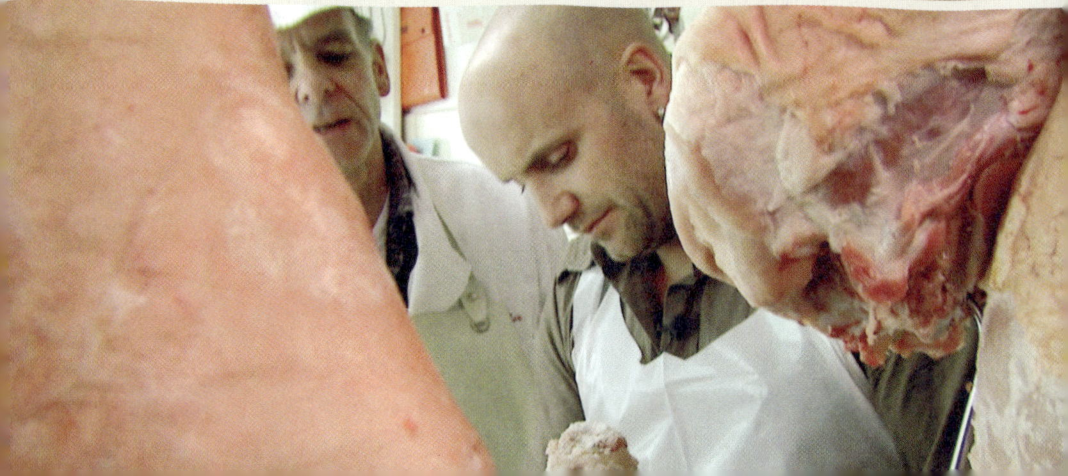

DIE GEHEIMNISSE DES RÄUCHERNS

Edi räuchert den Schinken und die Würste in der Küche eines windschiefen Bauernhauses in Schwarzenburg. Die Räucherkammer ist kohlrabenschwarz vom Rauch aus dem offenen Herd. An der Decke hängen die Räucherwaren. Ihren genialen Geschmack erhalten sie dank verschiedener Geheimnisse, die mir Edi verrät: Für das richtige Klima im Haus sind die Sandsteinmauern und der Lindenbaum vor dem Haus zuständig. Die Linde steht auf der Südseite des Hauses und spendet Schatten, so stimmt die Temperatur in der Räucherküche. Geräuchert wird nur in den Monaten, die ein «R» haben. Im Mai zum Beispiel ist es bereits zu warm. Ein weiterer Trick setzt Edi gegen die Mäuse ein: Im Stall gleich neben der Küche wohnen Schafe. Ihre Glocken erschrecken die Mäuse und halten sie von den Fleischwaren fern. Bei so viel Knowhow und Tradition wundert es mich nicht, dass Edis Rauchhammen so gut sind.

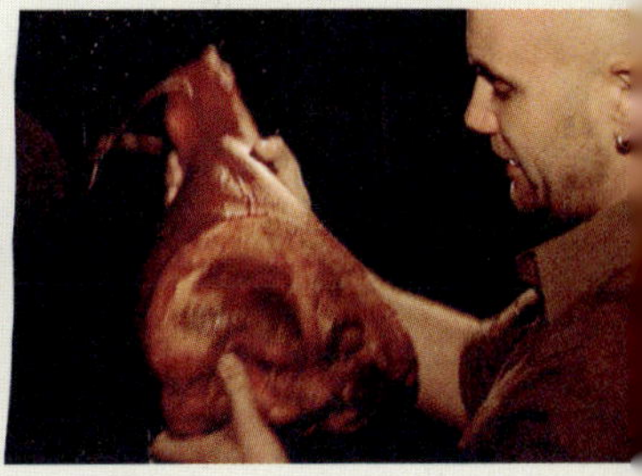

BEGLEITUNG AUS ÖSTERREICH

Edis Hamme lassen wir in einem grossen Kochtopf im heissen Wasser ziehen. Es braucht wirklich nur Wasser – kein Gemüse, keine Bouillon oder sonstige Beigaben. Edi empfiehlt, die Hamme zuerst 10 Minuten richtig zu kochen, dann nur noch ziehen zu lassen.

Als kulinarischen Begleiter für Edis Traditionshamme habe ich ein bisschen über den Schweizer Tellerrand hinausgeschaut. Wir bereiten ein Gröstel zu, ein abgeändertes österreichisches Knödelgericht. Die Herausforderung ist, die Gröstelmasse in die richtige Form zu bringen. Am besten geht das mit einer Art Wurst in Alufolie. Edi und ich belegen die Alufolie zusätzlich mit Frischhaltefolie und häufen dann die Masse ähnlich einer Wurst darauf. Dann beides zusammen, also den Innenmantel aus Klarsichtfolie und die Hülle aus Alufolie, zu einer Wurst rollen. Zum Kochen der Knödelwurst ist ein Dampf-Steamer praktisch (ungefähr 25 Minuten). Sie kann aber auch im siedenden Wasser pochiert werden, wobei darauf zu achten ist, dass man die Wurst einige Male dreht. Vor dem Schneiden muss die Wurst unbedingt abkühlen.

Faustregel:

Pro Kilogramm Schinken eine Stunde im Wasser ziehen lassen

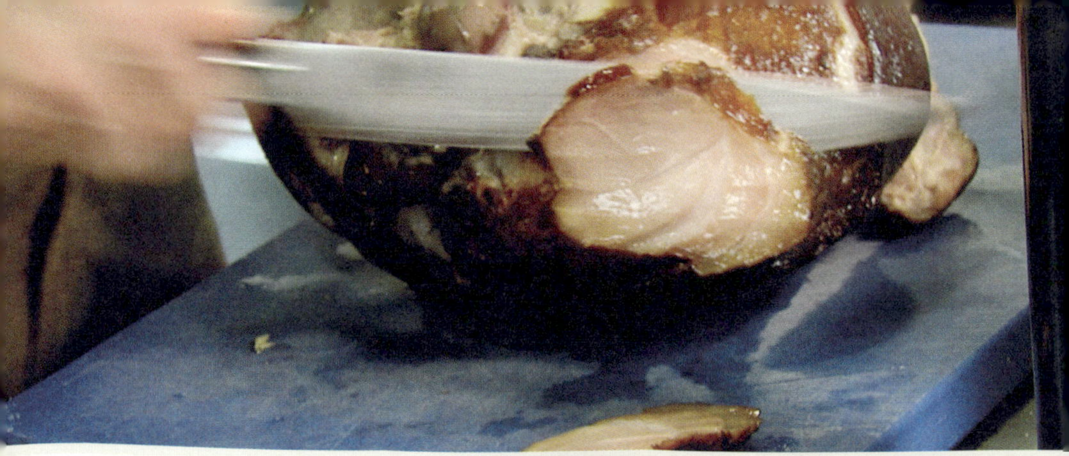

Rezept für 10 Personen

- 1 Rauchhamme mit Knochen (4–5 kg)
- 5 l Wasser

GRÖSTEL

- 100 g Butter
- 1 Zwiebel, klein gewürfelt
- 200 g Weissbrotwürfel
- 1,2 dl Milch
- 4 Eier, Eigelb und Eiweiss getrennt
- 1 Handvoll glattblättrige Petersilie, Blättchen abgezupft und gehackt
- Salz, Pfeffer
- 100 g Weissmehl

GEMÜSE

- 2 Handvoll grüne Bohnen, knackig gegart
- 10 Champignons, geviertelt
- 20 Saucenzwiebeln, halbiert
- 10 Speckscheiben, in Streifen
- 2 Knoblauchzehen, gewürfelt
- 6 Thymianzweiglein
- 1 Handvoll Petersilie
- 1 Lauch, fein geschnitten

RAUCHHAMME MIT GRÖSTEL

Hamme 10 Minuten im siedenden Wasser kochen, dann Hitze reduzieren und das Fleisch nur noch ziehen lassen. Pro Kilogramm Hamme eine Stunde ziehen lassen.

Zwiebeln in der Butter andünsten, unter die Brotwürfel mischen. Milch, Eigelbe und Petersilie zugeben, gut kneten. Masse würzen. Mehl unterrühren. Eiweiss zu Schnee schlagen und vorsichtig unterheben.
Alufolie mit Klarsichtfolie belegen, die Brotmasse wie eine Wurst daraufgeben, zu einer Wurst einrollen. Den Knödel im Steamer 25 Minuten fest werden lassen oder in einer Pfanne in reichlich Wasser 25 Minuten bei schwacher Hitze pochieren, alle fünf Minuten wenden, damit er gleichmässig heiss wird. Ausgekühlten Knödel in fingerdicke Scheiben schneiden.

Blättchen von den Thymianzweiglein abzupfen. Petersilie von den Stielen zupfen und fein hacken.

Zutaten für das Gemüse mit den Knödelscheiben in einer grossen Bratpfanne goldgelb braten. Mit dem aufgeschnittenen Hamme anrichten.

Burota

****

heutiges Rezept:

MOHANS **BUROTA**-PFANNE

Mürren

Station Mürren

FREESTYLE COOKING IM SKISPORTELDORADO

INMITTEN DER MÜRRENER FREESKI-SZENE BETREIBEN MOHAN UND ICH EINE ART INDISCHE FREESTYLE-KÜCHE. FÜR DIE VERRÜCKTEN JUNGEN FREESKIER UND IHR PUBLIKUM KOCHEN WIR EINE GEMÜSE-PFANNE MIT EINEM SPEZIELLEN FLADENBROT.

Ich liebe Mürren. Dieser Ort schwankt zwischen Vergessenheit und Coolness – eine unglaublich charmante Mischung. Und dann die Lage: Schon in der Luftseilbahn baut sich ein Panorama auf, das seinesgleichen sucht. Jungfrau und Eiger sehen von hier aus irgendwie besonders dramatisch aus. Kein Wunder, hat sich James Bond seinerzeit das Schilthorn als Spielwiese ausgesucht. Hier oben wurde 1969 «Im Geheimdienst Ihrer Majestät» gedreht.
Mürren selber ist autofrei. Mohan und ich ziehen unser Küchenmaterial deshalb auf dem Horischlitten durchs Dorf. Die Mürrener sind mit lustigen Fahrzeugen unterwegs, der Pöstler zum Beispiel mit einem Elektromobil oder der Pistenwart mit einem vollbeladenen Schneetöff.

EIN DORF IM SKIFIEBER

Wir kochen anlässlich des Whitestyle-Opens, einem Contest der Freeski- und Snowboard-Szene. Die Jungs bauen den Kicker gleich am Dorfrand und sorgen mit ihren kühnen Sprüngen für ein ziemliches Spektakel. Skisport hat Tradition in Mürren. Hier haben die ersten Skirennen überhaupt stattgefunden. Jahr für Jahr stürzen sich zudem Tausende von Skifreunden am Infernorennen vom Schilthorn hinunter ins Tal, egal ob Könner oder Nicht-Könner. Mohan war noch nie in Mürren und Schnee ist auch nicht gerade sein Ding. Er ist aber der absolute Profi in Sachen indische Küche und hilft mir als Gewürzspezialist immer wieder aus der Patsche. Gemeinsam bauen wir im Contest-Gelände unsere mobile Freestyle-Küche auf.

Unser Menü ist richtig asiatisch. «Burota-Pfanne» tönt wie «Brota-Pfanne», wenn es Mohan ausspricht. Das Gericht heisst wegen dem speziellen Teig so, es ist eine Art Fladenbrotteig. Ich habe diesen Ausdruck sonst noch nie gehört, aber Mohan sagt, in Indien sei die Burota-Pfanne sehr beliebt und jede Hausfrau kenne das Rezept. Die Zubereitung ist ein bisschen abenteuerlich: Der Teig wird zuerst flach geklopft, dann zu Häufchen gerollt, nur um später erneut flach gedrückt zu werden. Und zum Schluss bleiben die Fladenbrote nicht einmal ganz, sondern kommen in Stücke geschnitten unter das Gemüse. Das Gericht ist aber super lecker und der Aufwand lohnt sich.

Rezept
für 4 Personen

MOHANS BUROTA-PFANNE

BUROTA

- 1kg Weissmehl
- 1EL Salz
- 3 Eier
- zirka 1l Wasser
- Olivenöl

SAUCE

- Olivenöl
- 3 Zwiebeln, klein gewürfelt
- 3 Tomaten, Stielansatz ausgestochen, gewürfelt
- 1 Knoblauchzehe, klein gewürfelt
- 1TL geriebener Ingwer
- ½l Kokosmilch
- 1TL Marsala-Curry
- Salz, Pfeffer

BEILAGE

- Olivenöl
- 1 Lauch
- 3 Karotten
- 2 Pfälzerrüben
- 1 Pastinake
- 1 Kabis
- 2 Zwiebeln
- 1 grüne Chilischote
- 6 Eier
- 250g Schweinshals, gewürfelt

Für das Fladenbrot (Burota) Mehl und Salz in einer Schüssel mischen, Eier zugeben, mit dem Mehl vermengen, so viel Wasser zugeben und einkneten, bis der Teig elastisch und weich ist. Zugedeckt eine Stunde ruhen lassen. Teig in etwa 15 Portionen teilen, mit etwas Öl bestreichen. Auf der Arbeitsfläche mit Schwung zu sehr dünnen Fladen klopfen. Teigfladen zu Strängen zwirbeln, zu Häufchen einrollen. Flachdrücken und in etwas Öl in der Bratpfanne backen. In Streifen schneiden.

Zwiebeln, Tomaten, Knoblauch und Ingwer im Olivenöl anbraten, würzen mit Curry, Salz und Pfeffer. Mit der Kokosmilch pürieren.

Karotten, Pfälzerrüben und Pastinake in Würfelchen schneiden. Lauch in Ringe schneiden.
Kabis halbieren, Strunk entfernen, den Kabis in Streifen schneiden. Chili aufschneiden, entkernen, Hälften in Streifchen schneiden. Alles Gemüse im Öl dünsten.
Eier als Rührei zubereiten. Das Fleich in wenig Öl braten. Gemüse, Rührei, Fleisch, Sauce und Burota mischen.

Bier
****

heutiges Rezept:

BEER-CAN-
CHICKEN

MEIN KOMBISTEAMER FÜR ALLE FÄLLE

AUF DAS BEER CAN-CHICKEN BIN ICH VOR EINIGEN JAHREN BEI DER NEW YORKER FEUERWEHR GESTOSSEN. SEITHER IST DER TRICK MIT DEM LEICHT BESCHWIPSTEN POULET EINER MEINER LIEBSTEN.

Dass es aus Quellwasser aus unseren fantastischen Bergen ein besonders gutes Bier gibt, liegt auf der Hand. Davon sind wir Locals in Interlaken auf jeden Fall überzeugt. Und die Geschichte gibt uns recht: Die lokale Brauerei, die Rugenbräu, besteht seit 1866 und ist seit mehr als 100 Jahren im Besitz der Familie Hofweber. Die Brauerei produziert zwar nicht Mengen, die mit einem Grossbetrieb vergleichbar sind, aber in der Region ist «das Rugenbräu» die unbestrittene Nummer 1. Hergestellt wird das Bier von A bis Z in der Brauerei am Rugen (so heisst der kleine Hügel zwischen Thuner- und Brienzersee). Besonders schmeckt mir das Zwickelbier, ein unfiltriertes Bier direkt ab Zapfhahn des Lagertanks. Immer am Freitag ab 16.00 Uhr kann das Zwickel direkt ab Tank gezapft werden – so will es die Tradition. Hier die Sitten einzuhalten, finde ich nicht unvernünftig.

Mit Koni Bischoff habe ich einen perfekten Begleiter, um Bier für mein Kochvorhaben zu beschaffen. Er ist Wirt in einem Restaurant an der Strasse von Interlaken nach Beatenberg. Das Haus heisst «Luegibrüggli», und es gibt dort wirklich einiges zum «Luege» – ich würde sagen, es ist das Lokal mit der besten Aussicht zwischen Istanbul und New York. Koni ist ein absoluter Bayernfan, er liebt diese Region und veranstaltet in seinem Restaurant seit Jahren eine sehr beliebte Miniatur-Ausgabe des Münchner Oktoberfestes.

RUGEN
BRÄU
LAGER HELL
DAS BIER AUS DEM BERNER OBERLAND

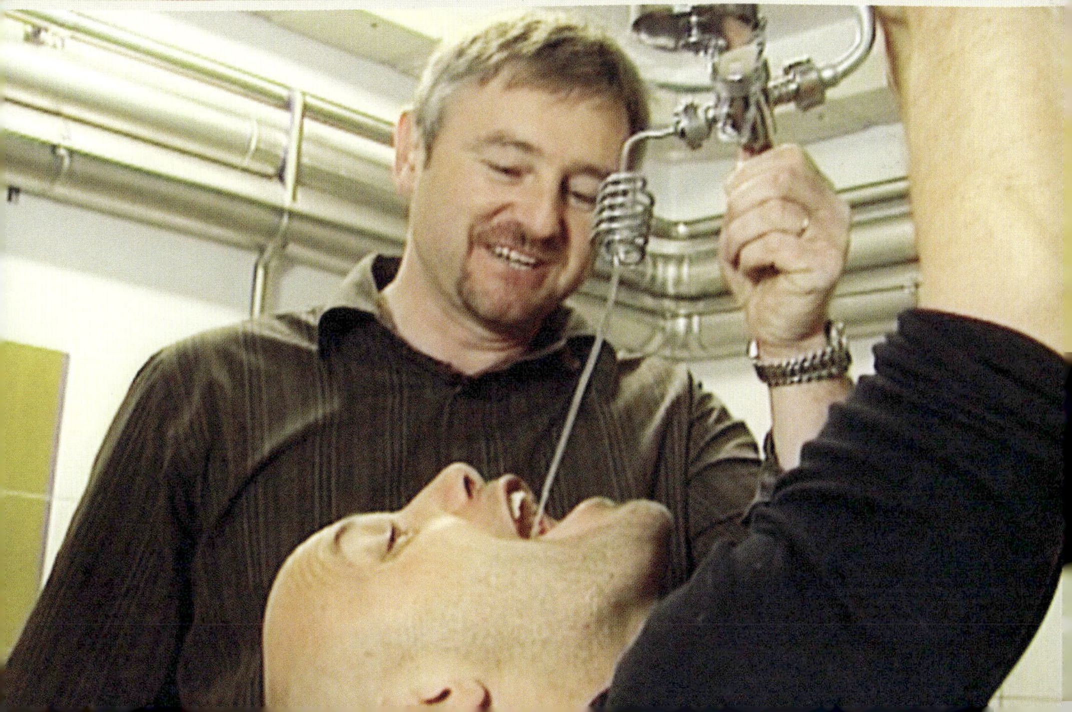

SO KLAPPT ES IMMER!

Das Beer-Can-Chicken gehört zu meinen absoluten Favoriten. Das ganze Poulet wird auf eine volle Bierdose gesetzt und im Ofen oder auf dem Grill gegart. Das Tolle am Beer-Can-Chicken ist, dass es immer gelingt. Man kann gar nichts falsch machen. Zum ersten Mal gesehen habe ich diese Sache bei meinen Freunden von der Feuerwehr New York. Einer der Feuerwehrmänner hat für mich ein «Bierdosenhuhn» auf dem Grill zubereitet. Ein einwandfrei gegartes Poulet am Sonntagnachmittag ist für die Amerikaner natürlich ein Klassiker.

Der Trick mit dem leicht betrunkenen Poulet geht so («Drunken Chicken» ist eine andere Bezeichnung für das gleiche Rezept): Es empfiehlt sich, zuerst etwas Bier aus der Dose abzugiessen, damit nicht alles überquillt. Dann die Dose in eine feuerfeste Form stellen. Das ausgenommene Poulet wird über die Bierdose gestülpt, so dass es richtig daraufsitzt. Das Poulet mit Olivenöl marinieren und von oben Rosmarinzweige und Zitrone in die Öffnung stossen. So geht das Beer-Can-Chicken in den Ofen. Das Fleisch bleibt innen schön saftig, aussen macht die trockene Hitze die Haut knusprig. So ein mobiler «Kombidämpfer» mit Bierdose funktioniert übrigens auch auf einem offenen Feuer in der Glut.

Mörser:

Zuerst immer Salz einstreuen! Die Struktur der Salzkörner vereinfacht das Zerstampfen der Kräuter für die Marinade.

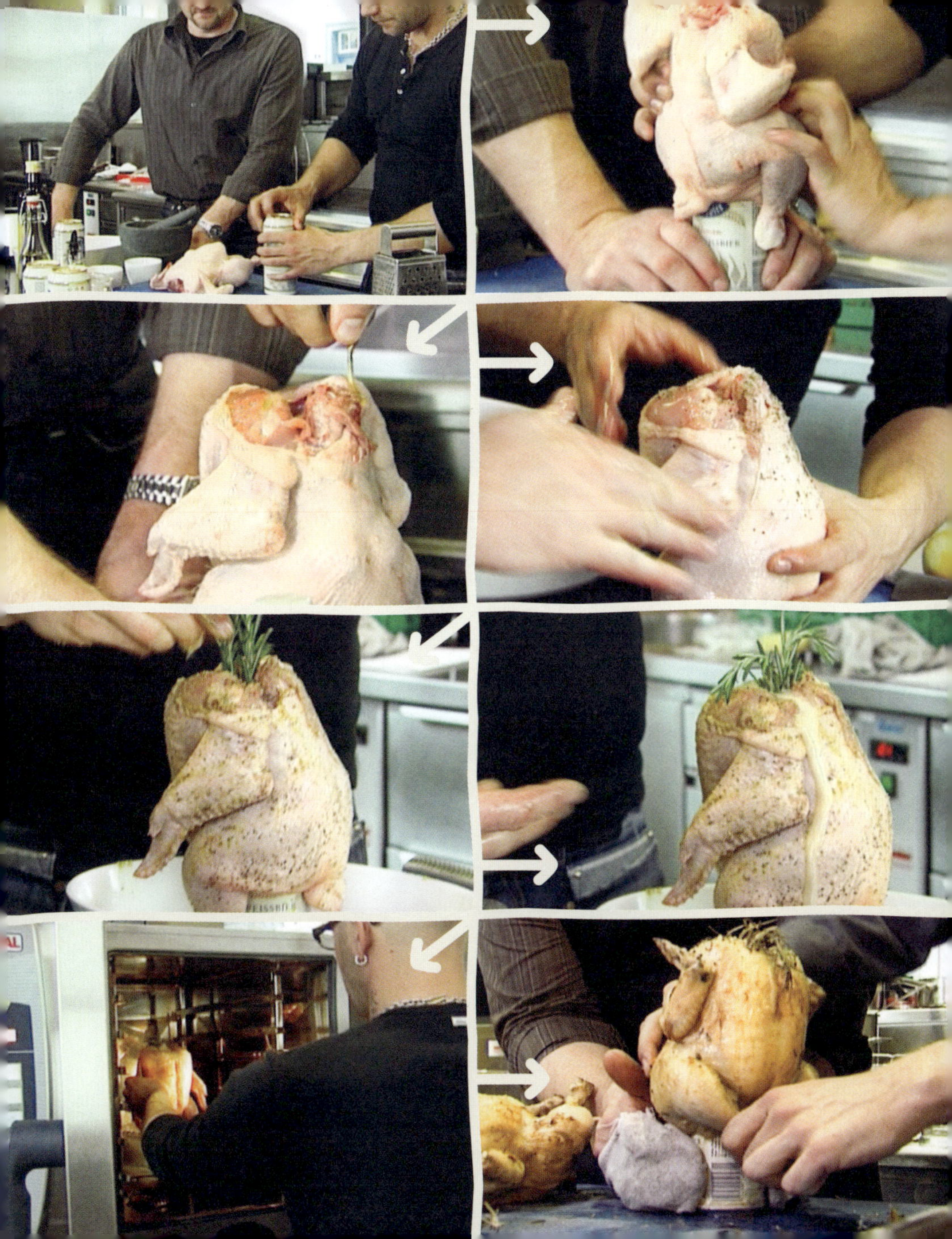

Valentins
Weißbier
HEFEWEISSBIER

Rezept für 2 Personen

- 1 Dose (½ l) Weissbier
- 1 Poulet (zirka 1,3 kg)
- 2 lange Rosmarinzweige
- 1 Zitrone
- 1 EL Meersalz
- 1 Handvoll Rosmarinzweiglein
- ½ EL Olivenöl
- ½ EL Erdnussöl
- 1 EL Senf
- 2 Knoblauchzehen
- Pfeffer

BEER-CAN-CHICKEN

Bierdose öffnen, Poulet mit der Halsöffnung oben über die Dose stülpen. In eine hitzebeständige Form stellen. Die langen Rosmarinzweige durch die Halsöffnung in die Dose durchstechen, so dass das Bier überschäumt.

Für das Zitronengewürz Zitrone waschen und die Schale auf der Bircherraffel abreiben. Mit Salz und abgestreiften Rosmarinnadeln im Mörser fein zerstossen. Salz durch ein Sieb streichen.

Poulet mit Mischung aus Olivenöl und Erdnussöl einreiben, mit Senf einstreichen. In die Halsöffnung durchgepressten Knoblauch und die in Viertel geschnittene Zitrone drücken. Poulet mit Zitronengewürz und Pfeffer kräftig marinieren.

Das Beer-Can-Chicken im vorgeheizten Ofen bei 180 °C 30 bis 40 Minuten braten.

Johanns Schweinsbratwürste

heutiges Rezept:

BURGENLÄNDISCHER

SAUTANZ

MEINE ABENTEUER IM WILDEN OSTEN

EINE METZGETE IM ÖSTERREICHISCHEN BURGENLAND IST WAS FÜR HARTGESOTTENE: BEIM «SAUTANZ» WIRD PRAKTISCH EIN TAG LANG GEGESSEN UND GETRUNKEN UND DIE GESELLIGKEIT GEFEIERT. IN SO EINER RUNDE BIN ICH BEI JOHANN SCHWARZ, DEM WINZER UND EHEMALIGEN FLEISCHERMEISTER AUS ANDAU.

Das Burgenland ist so etwas wie der wilde Osten von Österreich, eine kleine Welt für sich. Die Wiener sagen, es sei wahnsinnig schön dort, setzen dabei aber so ein merkwürdiges Lächeln auf. Anscheinend haben die Burgenländer den Ruf, ziemlich wild und eigen zu sein. Ihre Sprache ist so gut wie unverständlich, nicht nur für einen Schweizer. Der breite Dialekt tönt aber überaus sympathisch und so fühlt man sich als Gast schnell in allerbesten Händen. Die Burgenländer lieben es gesellig, Kameradschaft und Gastfreundschaft ist ihnen heilig. Kommt hinzu, dass im Gebiet rund um den Neusiedlersee von den besten Weinen überhaupt produziert werden. Das Klima ist einzigartig, eine Art Steppenklima mitten in Europa. Umwerfend für mein Empfinden ist die unglaubliche Weite. Nirgends ist auch nur der Ansatz eines Hügelchens zu erkennen – es ist einfach flach. Die Bauern pflügen tagelang und rund um die Uhr, weil ihre Felder so gross sind. Das Burgenland ist sozusagen der Gemüsegarten Österreichs. Der Boden bringt hier Aussergewöhnliches hervor, das gilt vermutlich nicht nur für die Natur, sondern auch für die Menschen.

VOM METZGERMEISTER ZUM WINZER

In Andau, im letzten Dorf vor der ungarischen Grenze, wohnt der Winzer Johann Schwarz. Mit seinem Zweigelt «Schwarz-Rot» hat der ehemalige Metzger Kultstatus erreicht. Dabei war sein Einstieg in den Weinbau eher eine Art Experiment. Seine beiden Freunde, Alois Kracher, der verstorbene Süsswein-Experte aus dem benachbarten Dorf Illmitz, und Manfred Krankl, kalifornischer Winzer mit österreichischen Wurzeln, entwarfen den Weinbauer Johann Schwarz mit viel Witz und Engagement erst einmal auf dem Papier. Aus dem Gedankenkonstrukt wurde eine enge Zusammenarbeit und Schwarz entwickelte bald seinen ganz persönlichen Stil. Heute ist sein Weingut etabliert und geniesst auch international einen ausgezeichneten Ruf. Gemetzget wird nur noch im familiären Kreis oder für einen speziellen Auftritt. So kann es vorkommen, dass Hans, wie ihn alle nennen, mit einer halben Sau im Anhänger zur Weindegustation ins Nobelhotel fährt.

WAS SOLL DAS ALLES WERDEN ...?

Am Tag von meinem Besuch in Andau will Hans das veranstalten, was er einen «ordentlichen Sautanz» nennt. Ich habe keine Ahnung, was das ist. Als ich am Morgen den Hof betrete und es aus allen möglichen Töpfen dampfen sehe, wird mir klar, dass ich hier in eine grössere Sache geraten bin. «Sautanz» ist eine Metzgete nach Burgenländer Art. Dazu gehören alle möglichen Speisen, die man sich aus Schweinefleisch nur denken kann: Bratwürste, Blutwürste, Leberterrine, Kesselfleisch, Suppe, Zigeunerbratl, Blunzngröstl ... ich verstehe nur die Hälfte. Als Erstes serviert mir Hans das Frühstück – gebratene Schweinsleber. Er erzählt und gestikuliert und lacht dabei immer wieder herzhaft und ansteckend. Hans ist eine Erscheinung mit einer beeindruckenden Masse, irgendwie scheint mir bei dieser Grösse auch die Herzlichkeit ausgeprägter. Nach dem «Frühstück» besuchen wir den Weinkeller. Einen «Sautanz» veranstaltet man im Freundeskreis, setzt Hans seine Einführung in die Burgenländer Traditionen fort. Da gehöre guter Wein dazu, insbesondere Fassproben des aktuellen Jahrgangs.

DIE WEINFÄSSER IM KÜHLWAGEN

Die Schwarz-Weine heissen je nachdem «Schwarz-Rot», «Schwarz-Weiss» oder «Schwarz-Schwarz» (der Süsse). Es gibt aber auch «a lita», einen Weisswein in der Literflasche, oder den «Kumarod» mit der entsprechenden Etikette der drei Kameraden in Schwarz. Neben dem ausgeprägten Charakter der Weintrauben aus diesem Winkel Österreichs trägt die witzige Vermarktung natürlich zum Erfolg bei. Hans' Erfindungsreichtum zeigt sich auch im Weinkeller: Im Hof stehen zwei riesige Lastwagen mit der Aufschrift «Desserta». Hans riegelt an der Türe und stösst sie mit einem breiten Grinsen auf: «Wir hatten zu wenig Platz im Keller.» Vor uns sind zwei Reihen Weinfässer, sie lagern hier schön eines neben dem anderen. Die Verhältnisse im Kühlwagen, das haben Hans und seine Mitarbeiter herausgefunden, seien ausgezeichnet für den Wein. Die Lastwagen haben den zusätzlichen Vorteil, dass man sie während der Ernte in den Weingarten fahren kann. Gleich nach dem Ablesen werden die Trauben ins Kühle gebracht.

37

FEINWURST

FDNY

GESELLIGKEIT IM ÜBERMASS

So ein «Sautanz» erfordert eine ziemliche Logistik. Hans und zwei von seinen Mitarbeitern haben schon früh am Morgen mit Kochen begonnen. Die Fleischstücke müssen zum Teil lange garen. Die verschiedenen Würste und Terrinen macht Hans selbstverständlich in Handarbeit und ich bin glücklich, dass ich ihm dabei helfen kann. Wir lassen das Fleisch durch den Fleischwolf, geben allerlei Gewürze bei (alles geheim) und drehen die Masse durch die Wurstmaschine. Zum Schluss werden die Würste abgebunden. Das Endprodukt schmeckt besser als all die Würste, die ich je gegessen habe. Während wir am Kneten, Wursten und Braten sind, treffen langsam die Gäste ein – einige von Hans' Freunden aus Andau. Auch wenn es für sie im Unterschied zu mir nicht der erste «Sautanz» im Leben ist, ist es doch ein Ereignis, das sie sehr schätzen. Hans passt gut auf, dass alle genug zu essen haben und die Gepflogenheiten auch eingehalten werden. Auf ein Stück Kesselfleisch gehört zum Beispiel ordentlich viel Kren (Meerrettich). Der Werbespruch auf Hans' Schürze lautet «Nichts für Heulsusen», wobei man sich schon vorstellen kann, wie scharf das Zeug ist. Als dann plötzlich noch das Gartentor auffliegt und die Musikkapelle aus Andau eintrifft, bin ich wirklich langsam fassungslos. Während die zwei Musiker jenen wunderbaren Mix aus Lebensfreude und fast ungarischer Melancholie spielen, werde ich in meinem Gefühl bestätigt, dass die Menschen in Andau tatsächlich ziemlich speziell sind. Aber herzlich sind sie und gesellig – eine lustigere Runde muss man lange suchen.

für 12-15 Würste

JOHANNS SCHWEINSBRATWÜRSTE

- 1,2 kg Schweinefleisch (Schulter und Bauch)
- 1 Knoblauchzehe, klein gewürfelt
- 2 EL Paprika
- 1 Handvoll getrockneter Majoran
- wenig Weisswein
- wenig Gemüse- oder Rindsbouillon
- Salz, Pfeffer, Muskatnuss

BURGENLÄNDISCHER SAUTANZ

Fleisch durch den Fleischwolf drehen und gut mischen. Hackfleisch mit Knoblauch, Paprika und Majoran würzen. Etwas Weisswein und Bouillon zufügen, Masse kneten, bis sie schön geschmeidig ist. Das Wurstbrät mit Salz, Pfeffer und Muskatnuss abschmecken, auf eine kräftige Würze achten.

Den Naturdarm vom Schwein wässern und gründlich spülen. Dann auf die Wurstmaschine stülpen und langsam die Fleischmasse einfüllen. Die Würste zu Stücken von ungefähr 100 Gramm abbinden.

schwarz wiasd.

Rezepte – Teil 4

****

LAMM
AUF BALSAMICO-LINSEN

POULETBRUST
MIT GEMÜSESALAT

GLARNER
SCHABZIGERSTRUDEL
MIT SPARGELCHUTNEY

STUDENTENSCHNITTE
MIT MANGOLASSI

ASIATISCHER GEMÜSESALAT MIT
BELPER KNOLLE

LAMM AUF BALSAMICO-LINSEN

BALSAMICO-LINSEN

- 200 g Belugalinsen
- wenig Olivenöl
- 50 g Speckwürfelchen
- 3 Schalotten, klein gewürfelt
- 1 Knoblauchzehe, klein gewürfelt
- ½ dl Balsamico
- 1½ dl Hühnerbouillon
- Salz, Pfeffer, wenig Zitronensaft
- 1 EL gehackte glattblättrige Petersilie

Belugalinsen in kaltem Wasser einige Stunden einweichen. Speck, Schalotten und Knoblauch im Olivenöl andünsten, Linsen zugeben, mit dem Balsamico ablöschen, ein wenig einkochen lassen. Hühnerbouillon zugeben, Linsen weich kochen, mit Salz, Pfeffer und wenig Zitronensaft abrunden, Petersilie unterrühren.

- Olivenöl, grobkörniges Salz
- 600–700 g Lammnierstück

BÄRLAUCHPESTO

- 350 g Bärlauch
- 70 g Blattspinat, nach Belieben
- 1 Handvoll abgezupfte glattbrättrige Petersilie
- 1 Knoblauchzehe, gewürfelt
- Olivenöl

Bärlauch und Spinat blanchieren, in kaltem Wasser abkühlen, gut ausdrücken, mit Petersilie und Knoblauch pürieren, leicht salzen, so viel Olivenöl zugeben, dass ein Pesto entsteht.

SPECKSAUCE

- 1 EL Olivenöl
- 50 g Speckwürfelchen
- 60 g Schalotten, fein gewürfelt
- 1 Knoblauchzehe, fein gewürfelt
- 4 Champignons, zerkleinert
- 1 EL Tomatenmark
- etwas abgezupfter Thymian
- 3 EL Balsamico
- ½ dl Hühnerbouillon
- 1 dl Rahm
- Salz, Pfeffer

Speck, Schalotten, Knoblauch und Champignons im Öl andünsten. Tomatenmark und Thymian unterrühren. Mit Balsamico ablöschen, kurz köcheln lassen. Bouillon und Rahm zugeben, auf die Hälfte einköcheln lassen, mit Salz und Pfeffer abschmecken. Sauce fein mixen, durch ein Sieb passieren.

Lammfleisch mit grobkörnigem Salz würzen, im Olivenöl braten. Kurz zugedeckt stehen lassen, dann in Scheiben schneiden.

Pesto erwärmen, auf Teller verteilen, Linsen daraufgeben, Fleisch darauf anrichten, mit der Specksauce zeichnen (siehe Bild).

Rezept für 4 Personen

Rezept für 4 Personen

POULETBRUST

- 4 Pouletbrustfilets, je 180 g
- 50 g weiche Butter
- 1 grosse rote Chilischote
- 1 kleiner Bund Koriander
- Salz, Pfeffer

KOKOSMILCHREIS

- 4 dl Kokosmilch
- 3½ dl Hühnerbouillon
- 200 g Basmati-Reis, gewaschen
- 1 Prise Salz

GEMÜSESALAT

- 2 Karotten
- 1 Salatgurke
- 4 Frühlingszwiebeln
- Geflügelbouillon
- Reisessig
- Rohrohrzucker, Salz, Pfeffer
- Sesamöl

POULETBRUST MIT GEMÜSESALAT

Für die Pouletbrustfüllung Chilischote aufschneiden, Kerne und weisse Rippen entfernen, Schote in Streifchen schneiden. Korianderblättchen von den Stielen zupfen und hacken. Chili und Koriander mit der Butter mischen, mit Salz und Pfeffer abschmecken.
In jedes Filet eine tiefe Tasche schneiden, ein Viertel der Butter einfüllen, Pouletbrüstchen einzeln in Backpapier einpacken, indem man zwei gegenüberliegende Seiten über dem Fleisch zusammenfaltet und die Enden fest zudreht.

Kokosmilch und Hühnerbouillon in einen Topf mit Dampfeinsatz giessen, aufkochen, Reis und Prise Salz einrühren. Pouletpakete in den Dampfeinsatz legen, zugedeckt 15 bis 18 Minuten köcheln, bis der Reis gar und das Fleisch zart ist. Reis einmal rühren.

Für den Gemüsesalat Karotten, Gurke und Frühlingszwiebeln in Streifen und Röhrchen in Ringe schneiden. Aus Geflügelbouillon, Reisessig, Gewürzen und Sesamöl eine Sauce rühren, mit dem Gemüse mischen.

Fleisch auspacken, Fond auffangen. Basmati-Reis anrichten, mit dem Fleischfond übergiessen. Pouletbrüstchen diagonal halbieren und zum Reis legen. Gemüse dazu servieren.

GLARNER SCHABZIGERSTRUDEL MIT SPARGELCHUTNEY

VORSPEISE

Rezept für 4 Personen

SPARGELCHUTNEY

- wenig Olivenöl
- 500 g weisser Spargel
- 2 rote Zwiebeln, in feinen Ringen
- 2 grosse rote Chilischoten
- 3 Orangen
- weisser Balsamico
- 4 Minzeblättchen, in Streifen
- 150 g Zucker
- Salz, Pfeffer

FÜLLUNG

- 100 g Mascarpone
- 50 g geriebener Parmesan
- 1 Glarner Schabzigerstöckli
- 1 Apfel
- 2 EL fein geschnittene Trockentomaten
- 1 EL fein geschnittene schwarze Oliven
- 2 EL fein geschnittener Schnittlauch
- 2 EL leicht geröstete Pinienkerne
- 8 Scheiben Glarner Landrauchschinken

- 8 Filoteigblätter (für 8 Ministrudel)
- Olivenöl

Spargel schälen, in kleine Stücke schneiden. Chilis aufschneiden, Kerne und weisse Rippen entfernen, in Streifchen schneiden. Orangen grosszügig schälen, Fruchtfleisch aus den Trennhäutchen schneiden, entkernen (Saft auffangen). Zwiebeln im Olivenöl andünsten, Spargel und Chili mitdünsten, Orangen und -saft zugeben, mit Balsamico ablöschen. Minze und Zucker beifügen, Chutney etwa 20 Minuten köcheln lassen. Mit Salz und Pfeffer abschmecken.

Mascarpone und Parmesan mischen. Schabziger und Apfel dazureiben, Tomaten, Oliven, Schnittlauch und Pinienkerne zugeben, alles untermischen, mit Pfeffer abschmecken.

Filoteig ausbreiten. Auf jedes Blatt etwas Olivenöl geben. Ein Häufchen Füllung daraufgeben (mit einem halbierten Schabzigerbecher rund formen), eine Scheibe Landrauchschinken darumlegen, Füllung einpacken; zwei gegenüberliegende Teigseiten auf die Füllung legen, von der anderen Seite einrollen. Auf ein mit Backpapier belegtes Blech legen. Strudel im vorgeheizten Ofen bei 180–200 °C Grad 6 bis 8 Minuten backen. Auf dem Spargelchutey anrichten. Mit Trockentomaten und Oliven garnieren. Etwas Schabziger über das Gericht raffeln.

STUDENTENSCHNITTE MIT MANGOLASSI

FÜR EIN BLECH VON ZIRKA 24 CM SEITELÄNGE

MÜRBETEIG

- 200 g Weissmehl
- 1 Prise Salz
- 2 EL Zucker
- 100 g kalte Butterstückchen
- 1 Ei

- Himbeer- oder Erdbeer-konfitüre

FÜLLUNG

- 250 g Schraps; Guetzlibrösmeli, z. B. von Petit Beurre
- 180 g gemahlene Haselnüsse
- 150 g Zucker
- 150 g Weissmehl
- 1 TL Backpulver
- 40 g Kakaopulver
- etwas Zimt
- ½ l Milch
- 75 g kalte, flüssige Butter

SCHOKOGLASUR

- 120 g dunkle Schokolade, mindestens 65 % Kakaoanteil
- 3 EL Wasser
- 30 g Butter
- 2 EL Puderzucker

MANGOLASSI (FÜR 4 PERSONEN)

- 2–3 reife Mangos
- 250 g Naturjoghurt
- etwas Milch
- etwas Honig
- geriebener frischer Ingwer

Für den Mürbeteig Mehl, Salz und Zucker mischen, Butter mit Mehl krümelig reiben, Ei zugeben, rasch zu einem Teig zusammenfügen. Teig in Klarsichtfolie einwickeln, mindestens 30 Minuten kühl stellen.

Für die Füllung alle trockenen Zutaten mischen, Milch und flüssige Butter unterrühren.

Den Mürbeteig auf dem Backpapier ausrollen, auf Backpapier in das Blech ziehen. Teig mit einer Gabel einstechen. Mit Konfitüre bestreichen. Die Füllung darauf verteilen. Blech auf der zweituntersten Schiene in den auf 200 °C vorgeheizten Ofen schieben, Studentenschnitten 50 bis 60 Minuten backen. Gut auskühlen lassen.

Für die Schokoglasur alle Zutaten im Wasserbad unter Rühren langsam schmelzen. Studentenschnitten damit bestreichen.

Für das Mangopüree Früchte schälen und Fruchtfleisch vom Stein schneiden, mit Joghurt und wenig Milch mixen. Abschmecken mit Honig und Ingwer. Mit Mangowürfelchen servieren.

Rezept für 4–6 Personen

ASIATISCHER GEMÜSESALAT MIT BELPER KNOLLE

MARINIERTE CHERRYTOMATEN

- Rohrohrzucker
- 250 g Cherrytomaten

GEMÜSESALAT

- Olivenöl zum Braten
- 1 kleiner Blumenkohl
- 5 Frühlingszwiebeln
- Fisch- oder Austernsauce
- 250 g grüner Spargel
- 1 daumengrosses Stück Ingwer
- 1 ganzer Knoblauch
- 100 g Shiitake
- Sojasauce
- Rohrohrzucker
- 2 grosse rote Chilischoten
- 1 Bund Thai-Basilikum
- 1 Bund Koriander
- Limettensaft
- 1 EL Sweet-Chili-Paste, Seite 219
- etwas Sesamöl zum Abschmecken

- 1 Belper Knollen

FRITTIERTE SCHALOTTEN

- 5 Schalotten
- Sonnenblumenöl zum Frittieren

Einen flachen Teller mit Rohrohrzucker bedecken. Cherrytomaten halbieren, mit der Schnittfläche in den Rohrzucker legen. Eine Weile stehen lassen.

Frühlingszwiebeln dreiteilen: Zwiebeln in Ringe, mittleren weissen Teil in Streifen, Grün in Röllchen schneiden. Knoblauch ganz lassen, nur äussere Schalenteile entfernen. Grünspargel in Stücke schneiden. Blumenkohl in Röschen teilen und in daumendicke Scheiben schneiden. Pilze zerkleinern. Chilis aufschneiden, Kerne und weisse Rippen entfernen, in Streifen schneiden. Basilikum und Koriander von den Stielen zupfen.
Das Gemüse einzeln im heissen Wok anbraten. Blumenkohl und Zwiebeln in wenig Olivenöl rührbraten, mit Fischsauce würzen. Beiseite stellen. Spargel mit fein geriebenem Ingwer und viel Knoblauch (die ganze Knolle reiben) im Olivenöl rührbraten. Beiseite stellen. Shiitake im Olivenöl rührbraten, mit Sojasauce und Rohrohrzucker würzen. Alles gebratene Gemüse, Chili und Kräuter in die Pfanne geben, erwärmen, mit Limettensaft, Sweet-Chili-Paste und Sesamöl abschmecken.
Schalotten in zündholzdicke Ringe schneiden und im heissen Sonnenblumenöl frittieren.

Gemüsesalat anrichten. Mit frittierten Schalotten bestreuen. Belper Knolle über den Salat hobeln.

Danke IHR SEID GROSSARTIG

Funky Kitchen Club ist eine TV-Sendung und neuerdings ein Buch und es ist noch viel mehr: Kochen ist ein Lebensgefühl, etwas, das einem immer begleitet. In den allermeisten Fällen bin ich überzeugt, Berge versetzen zu können, um alles zu erreichen, was ich möchte. Gelingen tut dies aber nur, weil mich viele Menschen unterstützen. Ihnen allen danke ich von ganzem Herzen. Ein ganz besonderer Dank gilt all jenen, die Funky Kitchen Club stets gucken, lesen und lebhaft kommentieren. Eure Begeisterung ist meine schönste Motivation.

Ebenso dankbar bin ich den Partnern, die den Funky Kitchen Club während den Jahren unterstützt haben: Mercedes-Benz Schweiz, Lidl Schweiz, Siemens Hausgeräte, Salomon, Kai Messer, JuraSel, Sucrisse, Interlaken Tourismus, Jungfraubahnen, Grimselwelt, Bohag, Restaurant Benacus und Fona Verlag.

STEFAN BALMER
NADIA BERNASCONI
STEFAN BERNET
BETTINA BHEND
RES BLATTER
TANJA BÜSCHI
BEAT CADUFF
THOMAS DUMMERMUTH
MARC GACOND
JÜRG GEISSBÜHLER
URS GOSSWEILER
RENE GUGGER
MIKE GUT
NIKLAUS HAUG
JAN HORISBERGER
MATT HORN
IRIS HUGGLER
LUKE HUGGLER
REMO JÖRG
ANTOINE KONRAD
LORENZ KREBS
HITSCH LEU
HARDY LUSSI
ANNETTE MARTI
DANIEL REICHENPFADER
CAROLINE SANTSCHI
MARKUS SCHNEIDER
PETER SCHUDEL
SUSANNE SCHUDEL
CARINA SCHWINNEN
MOHAN SIGAMANI
ALEJANDRO SOBRAL
ERWIN STOCKER
DRITA ZENUNAJ
KURT ZIMMERMANN

Merci!

Von A bis Z

Einkaufszettel:

TROCKENFLEISCH

BLATTSALAT, BERGKÄSE UND WALLISERBOT

Einkaufszettel:

GEBRATENER REIS MIT

POULETSCHENKEL

Einkaufszettel:

INDIAN-

CHICKEN-CURRY-CLUB

Einkaufszettel
TROCKENFLEISCH, BLATTSALAT, BERGKÄSE UND WALLISERBROT

TROCKENFLEISCHTATAR
- [ ] 200 g Walliser Trockenfleisch
- [ ] 2 Essiggurken
- [ ] grüne Oliven mit Stein
- [ ] Schalotten
- [ ] Knoblauchzehe
- [ ] Olivenöl
- [ ] Apfelbalsam
- [ ] 1 Walliserbrot
- [ ] 500 g Butter

MISOSAUCE
- [ ] Weisswein
- [ ] Misopaste
- [ ] Mirin (Reisessig)
- [ ] Sojasauce
- [ ] Puderzucker
- [ ] grobkörniger Senf
- [ ] Rahm

SALAT
- [ ] 1 Handvoll Rucola
- [ ] 1 Bund Schnittlauch
- [ ] 1 kleiner Friséesalat
- [ ] schwarze Oliven mit Stein
- [ ] Fleur de Sel
- [ ] 100 g Bergkäse
- [ ] Olivenöl
- [ ] Balsamico

Einkaufszettel
GEBRATENER REIS MIT POULETSCHENKEL

POULETSCHENKEL
- [ ] 4 Pouletschenkel
- [ ] getrockneter Rosmarin
- [ ] getrockneter Thymian
- [ ] getrockneter Majoran
- [ ] Zucker
- [ ] Paprika
- [ ] Salz
- [ ] ¾ dl Olivenöl
- [ ] Knoblauch
- [ ] ½ Zitrone
- [ ] Naturjoghurt
- [ ] 50 g Kräuterbutter
- [ ] Ketchup
- [ ] 4 saubere und dichte Plastiksäcke

GEBRATENER GEMÜSEREIS
- [ ] Olivenöl
- [ ] 1 Zwiebel
- [ ] 220 g Langkornreis
- [ ] Hühnerbouillon
- [ ] 1 Karotte
- [ ] 1 Handvoll Rosenkohl
- [ ] 1 Bund Frühlingszwiebeln
- [ ] 1 Handvoll grüne Erbsen
- [ ] 3 Eier
- [ ] Basilikum
- [ ] Petersilie

Einkaufszettel
INDIAN CHICKEN CURRY CLUB

TANDOORI-CHICKEN
- [ ] 2 kg Pouletschenkel
- [ ] Ingwer
- [ ] Knoblauch
- [ ] Tandoori
- [ ] Naturjoghurt
- [ ] Salz
- [ ] 3 Eiweiss
- [ ] Tempuramehl
- [ ] Öl zum Frittieren

GEMÜSECURRY
- [ ] 200 g Butter
- [ ] Senfkörner
- [ ] 1 Handvoll Curryblätter
- [ ] 10 Karotten, je 5 gelbe und orange
- [ ] 2 Kartoffeln
- [ ] 1 Zwiebel
- [ ] 5 Spross Stangensellerie
- [ ] 3 Tomaten
- [ ] Tomatenpüree
- [ ] Marsala Curry
- [ ] ½ l Kokosmilch

JOGHURTSAUCE
- [ ] 1 l Naturjoghurt
- [ ] Kurkuma
- [ ] Salz
- [ ] 100 g Butter
- [ ] Senfkörner
- [ ] ½ Handvoll Curryblätter
- [ ] 3 Tomaten
- [ ] 1 Zwiebel

Einkaufszettel:

CERVELAT

IM PIZZATEIG

Einkaufszettel:

BÜFFEL-MOZZARELLA

SENFPESTO-BAGUETTE, FEIGEN-SALAT

Einkaufszettel:

TAMTAM-PASTETLI

MIT BANANENSHAKE UND CORNFLAKE-CRACKERS

Einkaufszettel

CERVELAT IM PIZZATEIG

TEIG

- ☐ 500 g Weissmehl
- ☐ 30 g frische Hefe

- ☐ Olivenöl
- ☐ Knoblauch

CERVELATS

- ☐ 4 Holzspiesse
- ☐ getrocknete Aprikosen
- ☐ 4 Cervelats
- ☐ 8 Scheiben Bauchspeck
- ☐ Senf

Einkaufszettel

BÜFFELMOZZARELLA, SENFPESTO RUCOLA-FEIGEN-SALAT

SENFPESTO

- ☐ Pinienkerne
- ☐ 2 Bund Basilikum
- ☐ 1 Bund glattblättrige Petersilie
- ☐ Apfelessig oder -balsam
- ☐ Olivenöl
- ☐ Weisswein
- ☐ Senf
- ☐ Orangensaft
- ☐ 2 Eigelbe
- ☐ 200 g Butter
- ☐ 10 Scheiben Toastbrot
- ☐ 1 Baguette

MARINIERTER MOZZARELLA

- ☐ 4 Büffelmozzarella
- ☐ 250 g Crème fraîche
- ☐ 1 Zitrone
- ☐ 1 Bund Majoran
- ☐ 1 rote Chilischote
- ☐ Olivenöl
- ☐ Pinienkerne

RUCOLA-FEIGEN-SALAT

- ☐ 1 Handvoll Rucola
- ☐ Basilikum
- ☐ 2 Feigen
- ☐ Olivenöl
- ☐ Essig

Einkaufszettel

TAMTAM-PASTETLI MIT BANANEN-SHAKE UND CORNFLAKE-CRACKERS

CORNFLAKE-CRACKERS

- ☐ 400 g Schokolade
- ☐ 100 g Cornflakes
- ☐ 50 g Butter

BANANENSHAKE

- ☐ 4 Bananen
- ☐ 250 g Naturoghurt
- ☐ Erdnussbutter
- ☐ Honig
- ☐ Milch
- ☐ 20 Eiswürfel

TAMTAM-PASTETLI

- ☐ 1 Eigelb
- ☐ 2 Eier
- ☐ 2 rechteckige Blätterteige
- ☐ 8 Vanille-TamTam
- ☐ 250 g Heidelbeeren
- ☐ Crème fraîche

Einkaufszettel:

KRÄUTER-BASICS

UND TEE FÜR DEN VORRAT

Einkaufszettel:

CÔTE DE BŒUF

MIT ANTIPASTI-BROT-SALAT

Einkaufszettel:

SPARGEL SCHNECKEN

SAISONSALAT MIT HIMBEERDRESSING

Einkaufszettel
KRÄUTERBASICS UND TEE FÜR DEN VORRAT

KRÄUTERÖL
- [ ] Knoblauch
- [ ] Wacholderbeeren
- [ ] Lorbeerblätter
- [ ] frischer Thymian
- [ ] frischer Salbei
- [ ] frischer Majoran
- [ ] frischer Rosmarin
- [ ] schwarze Pfefferkörner
- [ ] rote Pfefferkörner
- [ ] Sherry
- [ ] Olivenöl

PESTO
- [ ] frischer Basilikum
- [ ] glattblättrige Petersilie
- [ ] Parmesan
- [ ] Pinienkerne
- [ ] Olivenöl

MINZESIRUP
- [ ] frische Minze
- [ ] Zucker

GRÜNTEE MIT FRISCHEN KRÄUTERN
- [ ] Honig
- [ ] frischer Rosmarin
- [ ] frischer Salbei
- [ ] frischer Thymian
- [ ] Grüntee
- [ ] 1 Orange
- [ ] Eiswürfel

Einkaufszettel
CÔTE DE BŒUF MIT ANTIPASTI-BROT-SALAT

CÔTE DE BŒUF
- [ ] 1kg Côte de Boeuf
- [ ] Salz
- [ ] Olivenöl

ANTIPASTI-BROT-SALAT
- [ ] 1 Ciabatta
- [ ] Knoblauch
- [ ] 3 Frühlingszwiebeln
- [ ] eingelegte Artischockenherzen
- [ ] getrocknete Tomaten
- [ ] Kapernäpfel
- [ ] Oliven
- [ ] Olivenöl
- [ ] Parmesan

Einkaufszettel
SPARGELSCHNECKEN SAISONSALAT MIT HIMBEERDRESSING

DRESSING
- [ ] 200 g tiefgekühlte Himbeeren
- [ ] 2½ dl Balsamico
- [ ] Senf
- [ ] frische Minze
- [ ] Olivenöl
- [ ] Knoblauch
- [ ] Puderzucker

SALAT
- [ ] Friséesalat
- [ ] 1 Handvoll Rucola
- [ ] 10 grüne Spargel
- [ ] 2 Tomaten
- [ ] 2 Frühlingszwiebeln
- [ ] frischer Basilikum
- [ ] verschiedene Gartenkräuter

SPARGELSCHNECKEN
- [ ] Blätterteig (30 x 30 cm)
- [ ] 1 Becher Crème fraîche
- [ ] 2 Frühlingszwiebeln
- [ ] 8 dünne Scheiben Roh- oder Landrauchschinken
- [ ] 4 weisse Spargel
- [ ] Kapern
- [ ] 100 g Fetakäse

Einkaufszettel:

BIG-APPLE

KABISSALAT

T-BONE-STEAK MIT ZITRONEN-BBQ-SALSA

Einkaufszettel:

ERDBEERKONFITÜRE

IM WIENER PALATSCHINKEN

Einkaufszettel:

BERNER PLATTE AUS GROSSMUTTERS

DAMPFKOCHTOPF

Einkaufszettel

BIG-APPLE-KABIS SALAT, T-BONE-STEAK UND ZITRONEN-BBQ-SALSA

KABISSALAT

- ☐ Olivenöl
- ☐ 1 grosse Zwiebel
- ☐ 100 g Bauchspeck
- ☐ 2 Gala Äpfel
- ☐ frischer Thymian
- ☐ Apfelessig
- ☐ 1 kleiner Weisskabis

T-BONE-STEAK

- ☐ 2 T-Bone-Steaks oder Entrecôtes
- ☐ grobes Meersalz

ZITRONEN-BBQ-SALSA

- ☐ grobkörniger Senf
- ☐ Knoblauch
- ☐ Zitrone
- ☐ Olivenöl
- ☐ 50 g Kräuterbutter
- ☐ Sweet-Chili-Sauce

Einkaufszettel

ERDBEERKONFITÜRE IM WIENER PALATSCHINKEN

TEIG

- ☐ 200 g Weissmehl
- ☐ 4 Eier
- ☐ ½ l Milch
- ☐ 2 Briefchen Vanillezucker
- ☐ Mineralwasser
- ☐ 100 g Butter
- ☐ Butter zum Ausbacken

ERDBEERFÜLLUNG

- ☐ frische Erdbeeren
- ☐ grüner Pfeffer
- ☐ Holunderblütensirup
- ☐ 100 g Ricotta
- ☐ Haselnüsse
- ☐ Balsamico
- ☐ 1 Glas Staud's Erbeerkonfitüre

Einkaufszettel

BERNER PLATTE AUS GROSSMUTTERS DAMPFKOCHTOPF

THAI-CURR-SAUERKRAUT

- ☐ 1 kg Weisskabis
- ☐ 2 Zitronengrasstängel
- ☐ ½ l Kokosmilch
- ☐ 1 Kaffirlimettenblatt
- ☐ Ingwer
- ☐ Currypaste
- ☐ gelber Curry

BERNER PLATTE

- ☐ 4 festkochende Kartoffeln
- ☐ 1 Rippli (ca. 250 g)
- ☐ 1 Zungenwurst
- ☐ 250 g Speck
- ☐ 5 Chilischoten
- ☐ Meersalz

SHIITAKE

- ☐ 250 g Shiitake
- ☐ Sojasauce
- ☐ Rohrohrzucker
- ☐ 1 Limette

Einkaufszettel:

GEHACKTES MIT
HÖRNLI
UND MANGOCHUTNEY

Einkaufszettel:

MUNDER
SAFRANSUPPE

Einkaufszettel:

SPORTLERMÜESLI
MIT SMOOTHIE

Einkaufszettel
GEHACKTES MIT HÖRNLI UND MANGOCHUTNEY

GEHACKTES MIT HÖRNLI
- ☐ Hörnli
- ☐ Sesamöl
- ☐ Olivenöl
- ☐ Knoblauch
- ☐ 300 g gehacktes Rindfleisch
- ☐ Sojasauce
- ☐ Sweet-Chili-Sauce
- ☐ 1 Bund Frühlinszwiebeln

MANGOCHUTNEY
- ☐ 2 Mangos
- ☐ Gelierzucker
- ☐ Ingwer
- ☐ 1 kleine Chilischote
- ☐ 1 Sternanis

Einkaufszettel
MUNDER SAFRANSUPPE

SUPPE
- ☐ 100 g Butter
- ☐ 1 Knollensellerie
- ☐ 1 Lauch
- ☐ 300 g Schalotten
- ☐ Knoblauch
- ☐ Hühnerbouillon
- ☐ 2 dl Rahm
- ☐ Safranfäden
- ☐ Weisswein
- ☐ 1 dl Rahm

KARAMELLISIERTER SPECK
- ☐ Zucker
- ☐ 200 g geräucherter Speck
- ☐ Knoblauch
- ☐ Weisswein
- ☐ weisser Balsamico
- ☐ Bergkäse

Einkaufszettel
SPORTLERMÜESLI MIT SMOOTHIE

SPORTLERMÜESLI
- ☐ 80 g Haselnüsse
- ☐ Zucker
- ☐ Haferflocken
- ☐ Cornflakes
- ☐ 1 kleiner Beutel Maltesers
- ☐ 1 Banane
- ☐ 4 Äpfel
- ☐ 1 Pfirsich
- ☐ 1 Becher Naturjoghurt
- ☐ Honig
- ☐ 1 Zitrone
- ☐ Beeren

SMOOTHIE
- ☐ Milch
- ☐ Erdbeeren
- ☐ Banane
- ☐ Ananas
- ☐ Wassermelone
- ☐ Minzesirup

Einkaufszettel:

CAESAR SALAD

MIT CRISPY SHRIMPS & CUACAMOLE-TOSTADAS

Einkaufszettel:

TARTE TATIN MIT

WHISKY-SAUERRAHMGLACE

Einkaufszettel:

RAUCHHAMME

MIT GRÖSTEL

Einkaufszettel
CAESAR SALAD MIT CRISPY SHRIMPS & CUACAMOLE-TOSTADAS

CRISPY SHRIMPS
- ☐ 8 Black-Tiger-Krevetten
- ☐ Fleur de Sel
- ☐ Olivenöl
- ☐ 1 Zitrone
- ☐ glattblättrige Petersilie
- ☐ Knoblauch
- ☐ 5 Blätter Frühlingsrollenteig
- ☐ Öl zum Frittieren

DRESSING
- ☐ 2 Eigelbe
- ☐ Sardellenfilets
- ☐ Knoblauch
- ☐ Dijonsenf
- ☐ 1 Zitrone
- ☐ Tabascosauce
- ☐ Worcestersauce
- ☐ 30 g Sbrinz
- ☐ 2½ dl Sonnenblumenöl
- ☐ Gemüsebouillon

- ☐ 1 Eisbergsalat

GUACAMOLE-TOSTADAS
- ☐ 2 reife Avocados
- ☐ 2 mittelgrosse Tomaten
- ☐ Knoblauch
- ☐ Zwiebel
- ☐ glattblättrige Petersilie
- ☐ 1 grüne Chilischote
- ☐ 1 Limette
- ☐ 100 g Brie
- ☐ 1 Baguette

Einkaufszettel
TARTE TATIN MIT WHISKY-SAUERRAHMGLACE

SAUERRAHMGLACE
- ☐ 500 g Sauerrahm
- ☐ 3 dl Rahm
- ☐ 1 Zitrone
- ☐ Zucker
- ☐ Single Malt Whisky

TARTE TATIN
- ☐ Zucker
- ☐ 4 grosse Äpfel
- ☐ 100 g Butter
- ☐ 20 g Butter
- ☐ 1 Blätterteig

- ☐ Schokostreusel

Einkaufszettel
RAUCHHAMME MIT GRÖSTEL

HAMME
- ☐ 1 Rauchhamme mit Knochen (4 bis 5 kg)

GRÖSTEL
- ☐ 100 g Butter
- ☐ 1 Zwiebel
- ☐ 200 g Weissbrot
- ☐ Milch
- ☐ 4 Eier
- ☐ glattblättrige Petersilie
- ☐ 100 g Mehl

GEMÜSE
- ☐ 200 ggrüne Bohnen
- ☐ 100 g weisse Champignons
- ☐ 2 Bund Saucenzwiebeln
- ☐ 10 Speckscheiben
- ☐ Knoblauch
- ☐ frischer Thymian
- ☐ Petersilie
- ☐ 1 Lauch

Einkaufszettel:

MOHANS

BUROTA-PFANNE

Einkaufszettel:

BEER-CAN-

CHICKEN

Einkaufszettel:

BURGENLÄNDISCHER

SAUTANZ

Einkaufszettel
MOHANS BUROTA-PFANNE

POULETSCHENKEL
- ☐ 1kg Weissmehl
- ☐ 3 Eier
- ☐ Olivenöl

SAUCE
- ☐ 3 Zwiebeln
- ☐ 3 Tomaten
- ☐ Knoblauch
- ☐ Ingwer
- ☐ ½ l Kokosmilch
- ☐ Marsala-Curry

BEILAGE
- ☐ 1 Lauch
- ☐ 3 Karotten
- ☐ 2 Pfälzerrüben
- ☐ 1 Pastinake
- ☐ 1 Kabis
- ☐ 2 Zwiebeln
- ☐ 1 grüne Chilischote
- ☐ 6 Eier
- ☐ 250 g Schweinshals

Einkaufszettel
BEER-CAN-CHICKEN

- ☐ 1 Halbliterdose Weissbier
- ☐ 1 Poulet (ca. 1,3 kg)
- ☐ 2 frische lange Rosmarinzweige
- ☐ 1 Zitrone
- ☐ frischer Rosmarin
- ☐ Olivenöl
- ☐ Erdnussöl
- ☐ Senf
- ☐ Knoblauch

Einkaufszettel
BURGENLÄNDISCHER SAUTANZ

JOHANNS SCHWEINSBRATWÜRSTE
- ☐ 1,2 kg Schweinefleisch
- ☐ Knoblauch
- ☐ Paprika
- ☐ frischer Majoran
- ☐ Weisswein
- ☐ Gemüse- oder Rindsbouillon
- ☐ Muskatnuss